Anonymus

Sammlung aller Regulations-Vorschriften

Vom Jahre 1795 bis zum Jahre 1805 für die sächsische Nation in Siebenbürgen

Anonymus

Sammlung aller Regulations-Vorschriften
Vom Jahre 1795 bis zum Jahre 1805 für die sächsische Nation in Siebenbürgen

ISBN/EAN: 9783742889805

Hergestellt in Europa, USA, Kanada, Australien, Japan

Cover: Foto ©Suzi / pixelio.de

Manufactured and distributed by brebook publishing software (www.brebook.com)

Anonymus

Sammlung aller Regulations-Vorschriften

Sammlung

aller

vom Jahr 1795 bis zum Jahr 1805

für die

sächsische Nation

in Siebenbürgen

von allerhöchsten Orten

erlassener

Regulations-Vorschriften.

Hermannstadt, 1861.
Druck und Verlag von Theodor Steinhaußen.

Regulativ-Punkte,

welche in Absicht auf die ordentliche Bestellung der den Sächsischen Communitäten nach ihrer constitutionsmäßigen Verfassung gebührenden Theilnahme und Wirksamkeit bei ihrer öffentlichen Verwaltung, vermöge höchsten Rescripts ddto. 22. Juny 1795, zur genauen Beobachtung festgesetzt worden sind.

§. 1. Der Zweck jeder bürgerlichen Vereinigung ist die allgemeine Wohlfahrt, und die verschiedenen Arten der Verwaltung sind die Mittel, wodurch dieser Zweck erreicht werden soll. Gleichwie nun in der sächsischen Nation die Communitäten, vermöge ihrer durch bejahrten Gebrauch bewährten Constitutionen, an mehreren Zweigen der öffentlichen Verwaltung ihren Antheil, theils ihre eigene Wirksamkeit haben; so ist es wesentlich erforderlich, daß hiebei zwischen dem Wirkungskreis der Beamten, so auch des Magistrats eine verhältnißmäßige Gränzlinie mit solcher Genauigkeit beobachtet werde, daß weder die Beamten und der Magistrat an ihrer rechtmäßigen und zur Handhabung der guten Ordnung in der öffentlichen Verwaltung unentbehrlichen Activität verkürzet, noch aber die Communitäten, aus der vermöge ursprünglicher auf ihre Constitutionen und Privilegien gegründete Verfassung gebührenden Wirksamkeit von der Theilnahme, ja eigentlichen Controlle dieser öffentlichen Verwaltung beseitiget, oder auch nur einigermassen daran geschmälert werden sollen. Zu welcher Absicht dann nachstehende Maßregeln führen werden.

§. 2. Die **Communitäten** haben aus dem Vormunde der Gemeinde, welchen sie selbst aus ihrem Mittel wählen werden, und aus einer für jede Gemeinde bestimmten Anzahl Bürger, die ebenfalls durch die Communität selbst, ohne allen Einfluß des Magistrats*), zu wählen, sodann aber in Gegenwart des Magistrats sowohl, als auch der Communität selbst, in die gewöhnliche Eidespflicht zu nehmen sind, zu bestehen. Die Communität wird jedoch verpflichtet sein, bey der Auswahl ihrer Mitglieder auf wohl possessionirte, und von ihrem ruhigen und guten sittlichen Betragen bekannte Bürger, den vorzüglichsten Bedacht zu nehmen.

§. 3. Der Gemeinde-Vormund ist der Vorsteher der Communität, und wird in dessen Abwesenheit oder Erkrankung durch den Pro-Orator, oder wenn keiner vorhanden ist, durch jenes Mitglied der Communität, welches hiezu von der Communität bestellt wird, ersetzt. Er ist denen Beamten, und dem Magistrate untergeordnet, wornach selber von diesen zur Erfüllung und Beobachtung seiner Amtspflichten angehalten werden muß, damit er zwar richtig, doch mit der gehörigen, und anständigen Mäßigung sein Amt verrichte, und solches nicht zum Nachtheil des allgemeinen Wohls und des wechselseitigen Vertrauens, welches zwischen den Beamten, dem Magistrate, dann der Communität und Bürgerschaft sorgfältig verwahret werden soll, mißbrauche.

Er muß dafür sorgen, daß die Communität in die Kenntniß aller Gegenstände gesetzt werde, welche zu ihrer Wissenschaft, oder dem ihr eigenthümlichen Wirkungskreise gehören.

In dieser Absicht hat er also nachzusehen, wie der Hattert, die Waldungen, Stadtgebäude, Wege und Brücken besorgt werden, ob die Pachtgelder und übrigen

---

*) Wird in den 1805 Reg.-Punkten §. 5 berichtiget.

Einkünfte in den bestimmten Zeiten richtig eingehen, ob
diejenigen Wirthschaftsgegenstände, welche etwa noch nicht
in Pacht gegeben worden, richtig verwaltet werden? Wenn
er sodann bei diesem Nachforschen einige Fehler entdeckt,
so müsse er solche alsogleich demjenigen Beamten, welcher bestimmt ist die Besorgung oder Aufsicht des Wirth-
schaftswesens zu leiten, anzeigen und auf die Verbesserung der angedeuteten Mängel bringen.

Sollten hiebey Anstände sich ergeben, so hätte er
diese dem Magistrate, oder auch zugleich der Communität darzustellen, und wenn dabey sogar eine schädliche
Verzögerung obwalten sollte, so habe er zwei Mitglieder
der Communität mit sich zu nehmen, und sein dießfälli-
ges Anliegen bey dem betreffenden Beamten zu erneuern.
Wenn jedoch auch dann keine Abhülfe erfolgte, so habe
er es dem Magistrate zu melden, und endlich aber, wenn
auch auf sothane geschehene Meldung der Mängel oder
Gebrechen bei dem Magistrat, die nöthige Verbeßerung
nicht sogleich erfolgte, so habe er solchen Gegenstand in
der Versammlung der Communität vorzutragen, und sonach die schriftliche Anzeige davon unmittelbar dem Comiti Nationis zu machen. Wobey der Communität der
Regress wegen des durch diese Verzögerung erwachse-
nen Schadens an den eigentlich daran Schuldtragenden
Beamten empor bleibt, gleichwie auch andererseits der
Vormund selbst, oder dessen Stellvertreter auf den Fall,
wenn er nicht auf die erwähnte Art die Mängel aus-
forscht, anzeigt und deren Berichtigung betreibt, verant-
wortlich sein wird.

Hiebey folgt von selbst, daß der Gemeindevormund
kein Gut oder Gefäll der Stadt, Markts oder Dorfs-
gemeinde in Pacht nehmen könne, und falls er auch solchen ehebevor er zum Vormund gewählt ward, gehabt
hätte, entweder beym Antritte seines Amtes denselben
aufgeben, oder diesem Amte entsagen müsse.

§. 4. Die Pflicht der Communität besteht überhaupt darin, in solchen Fällen, wo gefunden würde, daß die Beamten und Magistrat, der Beförderung des allgemeinen Wohls hinderlich seyen, oder wenn etwas zum Nachtheil des allgemeinen Besten verfüget oder veranstaltet, oder auch wider die bestehenden höchsten Anordnungen unternommen würde, dem Magistrate gegen solche Verfügungen und Unternehmungen die Vorstellung zu machen, und wenn bleßfalls die zweckmäßige Abhilfe nicht erfolgen sollte, hat von ihr sogleich die Anzeige an den Comes Nationis zu geschehen.

§. 5. Die einzelnen Gegenstände, auf welche sich der Wirkungs=Kreis der Communitäten erstreckt, sind folgende:

Daß nach der ausdrücklichen Vorschrift Statutorum Libro I-mo. Tit. I-mo. §. I-mo. durch freye Zusammentragung der Stimmen gebührende gesetzmäßige Wahlrecht der Beamten, mit der über sothane Wahl nach der Vorschrift des Leopoldinischen Diploms und des 12. Artikels des 1791. Landtages von Allerhöchst Sr. Majestät zu gewärtigenden Bestättigung und zur Erlangung derselben im Wege des königl. Guberniums, durch den Comes Nationis zur höchsten Einsicht zu geschehenden Einsendung des dießfälligen Wahlberichts.

Die Einsicht der Rechnungen mit dem Befugnisse der dabei zu machenden Bemerkungen, und haben die Communitäten sämmtliche öffentliche Rechnungen, bevor solche dem Comitial Revisorate übergeben werden, förmlich durchzugehen, und die dabei sich ergebende Bemerkungen, oder Ausstellungen schriftlich abzufassen, sodann dieselbe denen zur Comitial Revision zu befördernden Rechnungen beizuschließen.

Die Abfertigung der Deputirten zum Landtage, und die ihnen von Seite der Gemeinde zu ertheilende Instruction; die Fortsetzung der Local Constitutionen in solchen Gegenständen, in Ansehung welcher keine Vorschriften in den Gesetzen enthalten sind, oder welche überhaupt dem Gutdünken des Publikums überlassen sind.

Die an den Magistrat zu geschehende Vorstellungen, wegen ökonomischer Verbesserungen, wie auch hiereinfalls mit demselben zu pflegenden Berathschlagungen und Abschlüsse, in soweit dießfalls keine ausdrückliche Allerhöchste Verordnungen bestünden, deren Vorschrift zu beobachten käme. Wobei denn der Committät die Mitbesorgung sämmtlicher Gegenstände der öffentlichen Einkünfte und Gebäude, ja die eigentliche Controle des Magistrats bei der Verwaltung derselben dergestalten obliegt, daß sie gegen diejenigen, welche aus Sorglosigkeit, oder mit Vorsatz die öffentlichen Einkünfte verschmälerten, gerichtlich zu verfahren und auf einen vollständigen Ersatz zu bringen verpflichtet seyn soll.

Diesem zufolge muß das Gutachten der Communität bei jedem Verkaufe oder Verpachtung der städtischen Güter oder Gefälle, Errichtung oder Herstellung öffentlicher Gebäude oder Strassen, Anweisung unsistemisirter Auslagen, neuer Besoldungen oder Besoldungsvermehrungen, stets vorläufig eingeholt, und von dieser der zweckmäßige Antrag zu solchen gemacht werden, als ohne deren Zustimmung gar kein dießfälliger Antrag von Seite des Magistrats geschehen darf, wobei jedoch von selbst sich versteht, daß zur wirklichen Veräußerung oder Anweisung neuer Auslagen nicht eher als nach erlangter höchster Genehmigung geschritten werden darf.

In Ansehung der Verpachtung aber kömmt zu beobachten, daß die von der Communität entworfene Pacht-Contracte sammt den über sothane Verpachtung zu verfassende Licitations-Protokolle, der zu derley Versteigerungen auszusendenden unbefangenen Commissärs, immerhin der Bestättigung des königlichen Landes-Guberniums zu unterlegen sein werden, welche dann überhaupt bei jedem sonstigen vorgenommen werden wollenden neuen Verbesserungen und ökonomischen Anstalten einzuholen seyn wird.

§. 6. Die Versammlung der Communitäten ist in solchen Fällen, wenn diese von Seite der Oberbeamten zusammen beruffen werden soll, von den Oberbeamten nebst Eröffnung der dazu vorhandenen Ursache vorläufig anzudeuten, sonst aber wenn die Communität sich selbst versammeln wollte, muß sie die vorhandene Abhaltung ihrer Versammlung nebst den dabei zu verhandeln wollenden Gegenständen den Oberbeamten lediglich zur Wissenschaft anzeigen.

Hiebei aber kommt die Stunde der Versammlung zu bestimmen, und der Ort derselben soll jederzeit im Rathhause seyn. Und wenn die Communität in pleno sich versammelt, hat auch der Magistrat zu gleicher Zeit sich zu versammeln.

§. 7. Da es beschwerlich wäre in jeder auch minder wichtigen Sache, die ganze Communität zusammen zu beruffen, so hat aus der Ursache ein eigener Ausschuß der Communität zu bestehen, dieser Ausschuß muß unmittelbar durch die Communität selbst aus solchen Männern, welche durch die Erfahrung und ihre Rechtschaffenheit das Vertrauen der gesammten Communität verdienen, durch Mehrheit der Stimmen gewählt und bestellet werden.

Die Anzahl der Ausschußmänner soll nicht mehr als den fünften Theil der Communität ausmachen.

Die Wahl dieser Ausschußmänner sollte zwar eigentlich nach der Reihe des in der Communitäts-Verwandschaft habenden Alters der Individuen geschehen; da jedoch diese Obliegenheit manche Lasten an den vorkommenden verschiedenen Beaugenscheinigungen, Rechnungsberichtigungen, und sonstigen Verwendungen auf sich hat, und daher rügelsame, zum Theil auch in dem Rech=

nungsfache wohl geübte Männer erfordert; so bleibt es der Communität unverwehrt, die hiezu vorzüglich geeigneten Männer auch ausser der Alters-Reihe zu wählen. Die ernannten Ausschußmänner müssen aber insgesammt zur Versammlung beruffen werden.

§. 8. Der Wirkungs-Kreis der Ausschußmänner erstreckt sich nur auf Vorbereitungs-Anstalten, zum Beyspiel: wenn der Magistrat auf eine Beaugenscheinigung mit Zuziehung der Communität erkannt hat, so kann der Ausschuß oder wenn die Sache sehr dringend wäre, auch nur der Vormund der Gemeinde die Commissarien, welche dabei von Seite der Communität erscheinen sollen, ernennen, oder wenn die Rechnungen revidirt, die Allodial Cassa visitirt oder auch Pläne und Ueberschläge zu Baulichkeiten in Ueberlegung genommen werden sollten, so kann der Ausschuß die vorläufigen Anstalten, in wie weit solche der Communität zustehen, entwerfen, damit derselbe sodann, wenn die Communität in pleno sich versammelt, ihr über sämmtliches eine vollständige Auskunft geben möge.

§. 9. Die Art der Behandlung der Geschäffte bei der Communität hat folgendermassen zu bestehen:

Der Vormund und die Communitäts-Verwandten haben nach dem Alter ihrer in dieser Eigenschaft geführten Dienstleistung, ihre Plätze bei den Versammlungen zu nehmen, welchen dann ein Actuarius zur Verfassung der schriftlichen Aufsätze beizuziehen ist.

Der Vortrag bei der Versammlung der gesammten Communität sowohl, als auch des Ausschusses, hat von dem Vormunde zu geschehen, wenn sodann jemand von den Communitäts-Verwandten etwas in Antrag zu bringen hat, soll er solches dem Vormund einige Tage oder wenigstens an dem vorhergehenden Tage vor der Abhaltung der Versammlung melden.

Wenn nun der Vormund finden wird, daß der

Vorschlag zweckmäßig sey, so hat er solchen anzunehmen, dem Oberbeamten unter den andern in Berathschlagung der Communität zu nehmenden Gegenständen zu melden, alsdann auch in der Versammlung der Communität nach der wahren Gestalt der Sache vorzutragen.

Sollte jemand von den Communitäts=Verwandten dem Gemeinde=Vormund vor Abhaltung der Versammlung einen Vorschlag machen, welcher nicht annehmbar schien, oder nicht zu dem Geschäftskreis der Communität gehörte, so muß der Vormund solches mit dem Ausschusse der Communität wohl überlegen, und nach dessen Befund den sothanen Vorschlag beibringen wollenden Communitäts=Verwandten von der Zweckwidrigkeit oder ungereimtem Bestande seines Vorschlages zu überzeugen suchen, übrigens aber ihm die Freiheit lassen, dießfalls sich entweder an den ersten Beamten, oder auch unmittelbar an den Comes Nationis selbst zu wenden.

Hiebei werden jedoch die Communitäts=Verwandten davon keineswegs ausgeschlossen, daß sie auch selbst in den Versammlungen etwas vortragen können, sondern die eben erwähnte vorläufige Meldung hat blos aus Vorsicht wegen der hinlänglichen Ueberlegung in Absicht auf die Wohlfahrt und Ruhe des Publikums bei neuen Anträgen zu geschehen.

Gleichwie dann jeder Communitäts=Verwandte in der Versammlung mit der gehörigen Bescheidenheit und Ordnung frei reden, seine Meinung äußern, Fragen aufstellen und Vorschläge machen kann, ohne daß selber wegen seiner Meinung weder mit Worten noch mit Thaten mißhandelt werden dürfe.

Wenn jedoch der Vormund fände, daß über einen Gegenstand genugsam geredet worden sei, so habe er das Stillschweigen zu gebieten, und die Versammlung selbes zu beobachten, wo sonach der Vormund die Sache neuerdings aufzunehmen und seine Meynung zu erklären hat.

Woferne die Communität sich mit der Meynung des Vormunds begnügt, so ist die Sache abgethan, oder wenn offenbar der größte Theil der Communität in der nemlichen Meinung sich vereiniget; widrigenfalls, wenn die Meinungen getheilt sind, müssen die Stimmen eingesammelt werden.

Wenn sodann der Abschluß der Meinung der Communität durch Uebereinstimmung, oder durch Sammlung der Stimmen zu Stande kommt, ist diese dem Magistrat vorzutragen.

Sollte nun der Magistrat bei deren Ueberlegung Anstände oder Bedenklichkeiten finden, so hat selber zur Erläuterung derselben die Communität in das Rathszimmer einladen zu lassen, und darüber die Gesinnungen mehrerer Communitäts-Verwandten zu vernehmen, nach deren hinlänglicher Erwägung es bey dem Magistrat stehen wird, dem Antrage der Communität seine Zustimmung zu geben oder abzuweisen. Gleichwie dann solcher nur dann die Kraft eines förmlichen Abschlusses erhalten wird, wenn darüber die Zustimmung des Magistrats erfolgt.

§. 10. Bei verschiedenen Meinungen der Communität und des Magistrats muß zuförderst der Bedacht darauf genommen werden, daß die Freyheit und Mehrheit der Stimmen der Communität keineswegs gehindert werde, in solchem Falle sodann ist der Magistrat verpflichtet, sowohl den von der Communität schriftlich zu verfassenden Antrag, als auch die von Seite des Magistrats dagegen vorgebrachte Anstände und Bedenklichkeiten dem Comiti Nationis zur Entscheidung vorzulegen.

Indessen hat zwar bei derlei getheilten Meinungen der Communität und des Magistrats die Meinung des letzteren Uebergewicht, und kann in solchen Sachen an deren Verzug eine Gefahr obwaltet, ohne Aufschub vollzogen werden, dem Magistrat wird jedoch für derley mittlerweil vollzogene Anträge desselben, die eigene Haftung immer vollkommen obliegen.

§. 11. Von der an den Comes Nationis gebrachten Entscheidung derlei verschiedenen Meynungen der Communität, und des Magistrats wird die fernere durch die Universität, der Sächs. Nation zu geschehen habende Beurtheilung derselben auf den Falle statt haben, wenn nemlich der Comes keine derselben bestättigen und auch kein solches Mittel an die Hand geben wollte, durch welches der Magistrat und die Communität vereiniget werden könnten, sondern entweder die Sache zu beseitigen oder eine dritte Meinung in Antrag zu bringen vermeynte, womit sich keiner der beiden Theile begnügen wollte, wo sodann der Comes Nationis eine solche Differentz beim Pleno der gesammten Unversität ungesäumt vorzulegen, und die Entscheidung der Sache unter seinem Vorsitze zu bewirken haben wird.

Wenn jedoch die Communität auch mit sothaner letztlichen Entscheidung der Universität nicht zufrieden wäre, so wird ihr der in solchen Fällen an Se. Majestät im Wege des königlichen Landes-Guberniums zu geschehende Recurs offen stehen. Belangend hingegen

§. 12. Die Wirksamkeit der Beamten und des **Magistrats**, so sind die oberwähntermassen gesetzmässig bestellte Beamten, sammt denen ihnen beigegebenen Rathsverwandten die ihnen übertragene öffentliche Verwaltung in deren verschiedenen Eintheilungen nach dem Zwecke der allgemeinen Wohlfahrt und nach den zur sichern Erzielung dieses Zweckes bestehenden Höchsten Anordnungen und Vorschriften zu besorgen verpflichtet.

Hiebei ist jeder Beamte oder Rathsverwandte vermöge aufhabender Eidespflicht schuldig: da, wo er findet, daß dem vorerwähnten Zwecke, und denen dießfalls erlassenen Höchsten Befehlen entgegen gehandelt würde, seine Erinnerung dem gesammten Rathe mündlich oder schriftlich zu machen, welche dann die Rathsversammlung förmlich aufzunehmen, und in so ferne solche in den Höchsten Anordnungen wirklich gegründet zu seyn befunden würde, nach Maaßstab derselben abzuschlüssen, widrigenfalls aber das betreffende Individuum die weitere dießfällige Anzeige an den Comes Nationis und weiter an das königl. Landesgubernium zu machen hat. Endlich

§. 13. Haben hingegen diejenigen Gegenstände, in Ansehung welcher die Beamten und der gesammte Magistrat die öffentliche Verwaltung obangeführtermassen zu besorgen hat, in folgendem zu bestehen:

In der Aufsicht auf die Erhaltung der Contribuenten durch die billige Auflagen der mittels gewöhnlicher Ratificirung zu bestimmenden Steuergebühr, und richtigen Einhebung derselben, dann in der verhältnißmäßigen Austheilung der allgemeinen Lasten, in der richtig mit jedem halbjährigen Commissariatischen Compute zu bewerkstelligenden Abrechnung der von den Contribuenten geschehenen Leistungen, und überhaupt zu verschaffenden genauen Beobachtung der vermöge Höchster Anordnung vom 6. Dezember 1789 in Perceptoral-Sachen vorgeschriebene Maßregeln.

In der Zurechtweisung der Vergehen der Bürger und städtischen Einwohner, Verhaftung öffentlicher Verbrecher, ihre richterliche Belangung und Bestrafung.

In der gerichtlichen Belangung der Verschwender, Sequestrirung ihrer Güter, und Bestellung der Vormundschaften und Curatelen, wie auch der Aufsicht über diese letztere.

In der sorgfältigen Beförderung der öffentlichen Anstalten.

In der Erhaltung der öffentlichen Strassen und Brücken in ihrem Hattert in wandelbarem Stande, so wie auch der Reinlichkeit der Gassen, bei welch beiden

letzteren Gegenständen die Mitwirkung der Communität oberwähntermassen Platz zu greifen hat.

In der Besorgung des allgemeinen Gesundheitsstandes und dabei nöthigen Vorsichten.

In der Handhabung der öffentlichen Sicherheit und guten Ordnung.

In der gesetzmäßigen und schleunigen Justiz-Pflege, in der Beobachtung und Vollziehung der Allerhöchsten Verordnungen und Gubernial-Verfügungen.

In der Untersuchung, Berichtigung oder Schlichtung verschiedener zwischen Militair, Provinzial- oder Magistratual-Beamten vorkommenden Klagen der Stadt Bürger oder Einwohner.

In der Aufsicht über die Zünfte verschiedener Professionen und deren Laden.

In der Erstattung der abgeforderten ämtlichen Berichte.

In der Besorgung sämmtlicher ökonomischen Verwaltung der städtischen Einkünfte und Auslagen, der darüber zu pflegenden Verrechnung, Erhaltung der öffentlichen Gebäude, ordentlichen Verwaltung des Militairspitals, Magazine, Casserne und dergleichen mit der bei sämmtlichen diesen letzt angeführten Gegenständen bestehen habenden Mitwirkung ja eigentlichen Controle der Communität.

Zweyte Abtheilung

der Regulativ-Punkte, welche in Verfolg jener vermöge höchsten Rescripts ddto. 22. Juny des 1795. Jahres festgesetzt, in Absicht auf die ordentliche Bestellung der den Sächsischen Communitäten, und auch ihrer konstitutionsmäßigen Verfassung gebührenden Theilnahme und Wirksamkeit bei ihrer öffentlichen Verwaltung vrmöge höchsten Rescripts ddto. 22. September 1797, zur allgemeinen Richtschnur nachgetragen worden sind.

Da die von Altersher in der Sächsischen Nation zu ihrem allgemeinen Wohl bestandene gesetzmäßige Verfassung durch verschiedene Abweichungen und widerrechtliche Privatanmaßungen sich beynahe ganz außer Augen verlohren hat: so ist es nothwendig, zur Herstellung derselben, außer jenen vermöge höchsten Rescripts ddto. 22. Juny 1795, festgesetzten Regulativ-Punkten, annoch nachstehende Maßregeln, zur allgemeinen Richtschnur, nachzutragen.

§. 1. Obschon durch den 2. §. der vorgegangenen Regulativ-Punkten dafür gesorgt worden ist, daß die erwählten Communitäten ihre abgängige Glieder ohne allen Einfluß des Magistrats wählen sollen: so setzet diese Vorschrift es voraus, daß die Communitäten anvörderst, so wie dieselben von Altersher konstitutionsmäßig bestanden, aus den Vorstehern der Zünfte, und der Nachbarschaften, sodann aber die übrigen Mitglieder ebenfalls, wie von Altersher, aus den dazu Zutritt habenden freyen Künstlern und Literatis, welch letztere unter dem Namen Honoratiorum bekannt sind, organisirt seyn müssen.

§. 2. Nachdeme für die Zukunft jener Mißbrauch abgestellt worden ist, daß die Beamten der Städte, welche als ihre Repräsentanten zu den Versammlungen der Sächsischen Nation, oder der Landes-Stände abgesendet werden, in ihrem Namen jedoch ohne ihrem Vorwissen sich mit Verhandlungen irgend einer Art befassen, sondern dieselbe sich bey berley Gelegenheiten lediglich an den ausdrücklichen Inhalt der ihnen schriftlich zu ertheilenden Aufträge ihrer Gemeinde zu halten, und sich bey den Versammlungen der Universität der Sächsischen Nation nicht weiter, auch nicht anders, als in öffentlichen Versammlungen in berley Verhandlungen einzulassen haben.

So wird die bestehende Communität auf die genaue Beobachtung der dießfälligen Vorschrift sorgen, und dabey jene Ordnung zu befolgen haben, daß, nachdeme berley Gegenstände nach Maaßgab des 9ten §. der vorgegangenen Regulativ-Punkten verhandelt, und vollkommen zu Stande gebracht seyn werden, über dieselbe eine ausführliche Protokollirung, welche den ganzen Bestand eines solchen Gegenstandes zu enthalten hat, verfaßt in Gegenwart des Magistrats, und der gesammten Communität öffentlich abgelesen, und sodann beyderseits unterfertiget werde.

Welch letzteres bey der Behandlung jeder die Stadt insgemein betreffenden Gegenstände überhaupt zu beobachten seyn wird.

Nur hat die Communität sich in berley Fällen an den Schranken zu halten, daß sie ausser den eigentlich die Stadt-Gemeinde betreffenden Angelegenheiten in jene, welche lediglich dem Stuhl oder dem Distrikt vorbehalten sind, keineswegs ausschreite.

§. 3. Da unter den im nächstvorgehenden Absatz berührten Obliegenheiten der Communitäten, die in Gemäßheit des dießfälligen Munizipal-Gesetzes Statutorum Libro I-mo Tit. I-mo §. I-mo zu geschehende Wahl der Stadt-Beamten um so wichtiger ist, da von einer solchen gut zu treffenden Wahl die allgemeine Wohlfahrt der Gemeinde wesentlich abhanget: so wird bey dieser Gelegenheit die Communität die dabey bestehende ausdrückliche Weisung dieses Gesetzes, daß sie solche Individuen zu wählen habe, welche zur Besorgung ihres allgemeinen Wohls geeignet und nützlich sind, sich mit aller Aufmerksamkeit angelegen halten, und auf das richtigste befolgen.

Nachdem aber seit der Zeit, als das eben angezogene Statutal-Gesetz setzgesetzt ward, nebst den Oberbeamten, welche vermöge diesem ganz allein für den Magistrat galten, mehrere besoldete Magistratualglieder oder Rathsverwandten bestellt worden sind, und an der öffentlichen Verwaltung der Oberbeamten, so wie auch an ihrer Eigenschaft einen Antheil erlangt haben; so wird nach dem ächten Sinn des eben angezogenen Statutal-Gesetzes die Wahl derselben eben so, wie der Beamten von der Communität alljährlich zu geschehen haben.

§. 4. Nachdem die Hauptquelle der vielfältigen in der öffentlichen Verwaltung der Sächsischen Nation befundenen Unordnungen größtentheils daraus entsprossen ist, daß die Vorschrift des eben besagten Munizipalgesetzes, welches die **freye und gemeinschaftliche Stimmenwahl der Beamten** ausdrücklich bestimmt, durch privat Eigenmacht ausser Kraft gesetzt, und einzelne Familien den Besitz der Aemter an sich gezogen, ja in denselben sich fortdauernd festgestellt haben:

So wird die bestehende Communität bey ihrer Wahl es sich zur genauesten Richtschnur halten, daß, gleichwie dießfalls bereits ehedem ältere Constitutionen in der Sächsischen Nation bestehen, keine Individuen, welche miteinander in auf- oder absteigender, oder Collateral-Linie als Brüder und Schwäger verwandt sind, zur Anstellung miteinander gelangen, ja auch bis in das 3te Jahr einander nachrücken sollen.

§. 5. Um jenen gesetzmäßigen Gebrauch, vermöge welchem die Beamten mit Schluß eines jeden Jahres, ehe und bevor sie aus ihrer Amtsverwaltung treten, und zu einer neuen Wahl geschritten wird, ihre Rechnungen vollkommen zu berichtigen haben, gehörig aufrecht zu halten, sind berley Rechnungen, bey welchen ohnehin das Geschäft sowohl in der Abfassung, als auch in der Prüfung derselben, durch die eingeleitete Verpachtung sämmtlicher Realitäten und Gefälle und Systemisirung aller Auslagen auf das einfacheste verkürzt ist, bis zu dem 1. Dezember eines jeden Jahres der Communität zur Prüfung unausbleiblich vorzulegen; diese aber wird dieselbe ohne allen Verzug in die Zensur nehmen, und deren Erledigung dergestalten beschleunigen, daß nach Vollendung derselben in der gesetzmäßig bestimmten Zeit, nach den Weynachts-Feyertägen, zur vorzunehmenden Wahl der Beamten ohne weiters geschritten werden könne.

Gleichwie nun dessen Besorgung dem Gemeindevormund, vermöge des 3. §. der vorgegangenen Regulativ-Punkten, besonders obliegt, so wird derselbe solche Rechnungen ohne allen Verzug an den Comes der Sächsischen Nation einzusenden, und die Berichtigung der etwa befundenen Anstände oder Unrichtigkeiten bey sonst in Ermanglungsfall zu befahren habender strengsten Verantwortung, und, nach Beschaffenheit der Umstände, auch Ersatzleistung sorgfältigst anzusuchen haben.

§. 6. Wenn die Bemängelungen der Domestikal-Zensur von berley Rechnungen so beschaffen wären, daß eine fernere Prüfung derselben bey der Landesbuchhalterey statt fände; so muß für den durch berlei Bemängelungen empor gebliebenen Convictionsbetrag von dem betreffenden Rechnungsleger alsogleich, ehe und bevor noch die Rechnungen zur Revision der Landesbuchhalterey befördert werden, eine reelle Sicherheit geleistet, sodann aber eine solche bemängelte Rechnung von der Landesbuchhalterey vorzüglich auf das baldigste erlediget, und endlich die Final-Convictionspost binnen einer 4 wöchentlichen mit der Clausula praeclusi festzusetzenden Zeitfrist, und sonst im Ermanglungsfall ohne weiters zu verhängenden Execution erlegt werden.

Auf dessen sämmtlichen Erfolg der Gemeindevormund dergestalten Sorge zu tragen haben wird, daß er nach Verlauf der ersten Halbscheid des nach der Rechnungslegung folgenden Jahres, mit den in dem 3. §. der vorgegangenen Regulativ-Punkten angedeuteten Maßregeln darauf bringe.

§. 7. Damit aber für die Vorbeugung der Unrichtigkeiten in der Verwaltung des öffentlichen Vermögens bey Zeiten gehörig gesorgt werde, hat die Communität nach dem Sinn des 4. §. der vorgegangenen Regulativ-Punkten, auf die nach Zeit und Umständen vorzunehmende Kassa-Visitation den Bedacht zu nehmen. Welche auf ihr Ansuchen mit den dabey erforderlichen Vorsichten alsogleich zu geschehen haben wird.

§. 8. Bei der von der Communität zu geschehen habenden Prüfung der Rechnungen wird unter andern die Vorschrift unabweichlich zu befolgen seyn, daß diejenigen Beamten, welche die unter ihrer ämtlichen Verwaltung einzugehen gehabte Gelder ausständig belassen haben, zum Ersatz derselben sammt 6 procentigen Interessen ohne weiters verhalten werden.

§. 9. So wie die seit einer Reihe der Jahre befundene Versplitterung des gemeinschaftlichen Vermögens der Sächsischen Publicorum, welcher die aus ihrer Wirksamkeit verdrängte Sorgfalt der Communitäten Einhalt zu thun vermögend war, die besondere Vorsicht nothwendig machte, daß außer jenen Auslagen, welche seit der vermöge höchsten Rescripts ddto. 22. Juny des 1795. Jahres begonnenen Einrichtung der öffentlichen Verwaltung der Sächsischen Publicorum durch ausdrückliche Verordnungen festgesetzt sind, keine ohne besondere landesherrliche Genehmigung, bey sonst von demjenigen, der solche veranlaßt haben wird, zu leistendem Ersatz statt haben sollen; so wird die Communität, welche ohnehin zu derley Auslagen auch vermög §. 5 der vorgegangenen

Regulativ-Punkten den Vorschlag zu machen hat, und ohne deren Zustimmung keine geschehen kann, die genaueste Beobachtung der dießfälligen Vorschrift sich mit solcher Aufmerksamkeit angelegen halten, daß sie jeden Fall, wo dawider gehandelt würde, ohne allem Verzug anzeige, und die dabey nöthige Abhilfe ansuche; der Gemeinde=vormund aber in solchen Fällen seine Amtspflicht, bey eigener strengsten Verantwortung, vollkommen leiste.

§. 10. Damit aber die Communität in Sachen der öffentlichen Auslagen zweckmäßig und verläßlich vor=gehen könne, so sind alle und jede Verordnungen, welche solche betreffen, so wie überhaupt sämmtliche jene, welche in den Wirkungskreis derselben einschlagen, der Commu=nität in ihrem ganzen Inhalte mitzutheilen.

§. 11. Unter jenen Gegenständen, welche zum Theil zur Wirksamkeit der Communität gehören, ist eines der wichtigsten, die allerhöchst anbefohlene Verpachtung sämmt=licher Realitäten und Gefälle der Gemeinden, die einzige trockene Gefälle ausgenommen; welche Verpachtung nur bey der befundenen Unrichtigkeit und vielfältigem Nach=theil der bisherigen eigenen Verwaltung eingeleitet wer=den mußte.

Gleichwie nun vermöge des 5. §. der vorgegangenen Regulativ-Punkte die Pacht=Contrakte von der Commu=nität zu entwerfen und ihre Mitglieder den zu berley Verpachtungen abzuhaltenden Versteigerungen, so wie auch zu der Unterfertigung der Pacht=Contrakte, nebst dem Gemeinde=Vormund beyzuziehen sind; so wird die Com=munität in allen und jeden Fällen berley Verpachtungen, nachstehende Vorschrift unabweichlich zu befolgen haben:

a) Jede Verpachtung soll vorläufig mit brey Monaten, ehe und bevor die Versteigerung derselben geschehen wird, im ganzen Lande, auch besonders mittelst öf=fentlichen Anschlags dergestalten kund gemacht wer=den: daß die zu verpachtenden Gegenstände, nicht minder auch die Pachtbedingnisse, und der Licitations-Ausboth ausdrücklich und genau zu Jedermanns Wissenschaft bedeutet und die Termine der abzuhaltenden Versteigerungen richtig bestimmt werden; wobey der Vorbehalt von der Landesstelle zu ertheilende Bestättigung immer beigefügt werden muß.

b) Unter derley Bedingnissen, sind besonderes jene bey allen Pachtungen festzusetzen: daß eine reelle Sicherheit, wenigstens vom Betrag eines jährlichen Pachtschillings, bey beträchtlichen Gegenständen aber nach dem Verhältniß der zu besorgenden Nachtheile, zur Bedeckung der Kassa zu leisten, und die Bezahlung des Pachtschillings immer vorhinein in vierteljährigen Raten, bey sonst im Ermangelungsfalle unnachsichtlich zu erfolgen habender Auflösung des Pacht-Contrakts, baar zu entrichten sey.

c) Ist der Betrag des Ausboths zu der Versteigerung derley Verpachtungen nach der im 10jährigen Durchschnitte zu erhebenden Mittel Erträgniß in Anschlag zu bringen.

d) Werden von derley Verpachtungen alle Beamten, Magistratsglieder, und zu dem Magistrate gehörige Subalternen, wie auch laut des §. 3 der vorgegangenen Regulativ-Punkte der Gemeinde-Vormund ganz, und zwar dergestalten ausgeschlossen: daß sie weder öffentlich unter ihrem eigenen, noch sonst unter einem fremden Namen, oder auch in Gesellschaft anderer solche Pachtungen unternehmen dürfen; da ansonsten widrigenfalls sothane von ihnen ordnungswidrig an sich gezogene oder erschlichene Pachtungen ohne weiters aufgehoben, und sie zum Ersatz aller durch den diesfälligen unerlaubten Schritt dem Publico verursachten Schaden und Kosten ohne aller Nachsicht verhalten, ja auch ihrer Aemter und Bedienstungen entsetzt werden sollen.

e) Muß die zu leistende Sicherheit von den Pachtlustigen noch vor dem Versteigerungsakt hinlänglich dargethan werden, um nicht in der Folge bey etwanniger Reue, oder sonstigen ergreifen wollenden Ausflüchten, auch allenfalls wirklicher Unvermögenheit, die veranstaltete Versteigerung zu vereiteln.

Für dessen genauen Vollzug dann diejenigen, denen das Versteigerungsgeschäft anvertrauet wird, mit der Verbindlichkeit der vollkommenen Ersatzleistung sämmtlichen im Vernachlässigungsfalle entstehenden Schadens und Kosten des Publikums, zu haften haben. Endlich

f) Ist über jede solche Versteigerung ein besonderes Protokoll zu verfassen, in welchem jeder Anboth mit dem Namen desjenigen, von dem derselbe geschehen, richtig erscheine; welches sodann nebst den zu derselben zu bestimmenden Magistratual-Commissarien, von den bey derley Versteigerungen zu bestellenden Ausschußmännern, und dem bei denselben immer gegenwärtig zu seyn habenden Gemeinde-Vormund zu unterfertigen, und dabey die Zeit, durch welche der Versteigerungsakt gedauert hat, verläßlich anzumerken sein wird.

Imgleichen hat auch der Abschluß der von der Landesstelle zu ratificirenden Pacht-Contrakte, in Gegenwart dieser Ausschußmänner, und mit ihrer Unterfertigung, nach vorläufiger Mittheilung derley Contrakte an die gesammte Communität zu geschehen.

§. 12. Um bey der Verstreichung der Termine der Pacht-Contrakte die nöthige Kenntniß zu haben, ist über den Bestand sämmtlicher Pachtungen ein specifischer Ausweis mit dem Schluße eines jeden Jahres an die Landesstelle einzusenden, welcher folgende Rubriken verläßlich zu enthalten hat, als:

aa) Die Benennung des verpachteten Gegenstandes, mit einer kurzgefaßten Darstellung dessen Beschaffenheit.
bb) Den Namen des Pächters, dessen Stand, Wohnort oder Aufenthalt.
cc) Den Betrag des für jeden Gegenstand bedungenen Pachtschillings.
dd) Die vom Pächter bey dem eingegangenen Pacht-Contract geleistete Sicherheit.
ee) Die Zeit, von welcher und bis welche der Pacht-Contract geschlossen worden ist.

§. 13. Gleichwie vermöge des §. 5 der vorgegangenen Regulativ-Punkte die konstitutionsmäßige Wirksamkeit der Communität auf die öffentliche Verwaltung des sämmtlichen Gemeinen Vermögens sich erstrecket; so versteht es sich von selbsten, daß solches auch in Absicht auf das Vermögen der in ihrem Mittel befindlichen Kirche und Schule, und dessen Verwendung zu bestehen habe.

Wornach dann in Ansehung aller dabey zu treffenden Anstalten, so wie auch der alljährlichen richtigen Rechnungspflege, das nämlich zu beobachten seyn wird, was in den obenangeführten Regulativ-Punkten von dem übrigen Gemeindevermögen festgesetzt sich befindet.

Wobey auch die Communität die Kuratoren und Inspektoren der Kirche und Schulen (die aber für diese Bestimmung keine Besoldung zu genießen haben) zu wählen haben wird.

§. 14. Damit die Communität die Erfüllung ihr obliegender Pflichten sich mit aller Sorgfalt angelegen halte, wird ihr nachdrucksam eingebunden: daß sie bey einer von ihrer Seite unterlaufenden Saumseligkeit und Vernachlässigung der strengsten Verantwortung unterzogen werden wird.

Daher auch sämmtliche Regulativ-Punkte mit dem Schlusse eines jeden Jahres, ehe und bevor zur Berichtigung der Rechnungen, und zu der neuen Wahl der Beamten und Magistratsglieder geschritten werden wird, in der ganzen Versammlung der Communität öffentlich abzulesen seyn werden; hiebey aber die Communität bey jedem Punkte in Erwägung zu ziehen haben wird: ob und in wie ferne sie bey denselben während dem Verlaufe des Jahres ihre aufhabende Pflichten vollkommen geleistet, oder etwa dießfalls ein und anderes nachzutragen habe? Gleichwie dann sämmtliche Regulativ-Punkte, da dieselbe das Hauptrichtmaß der ordentlichen Amtsgebahrung sind, das ganze Jahr hindurch auf dem Rathstische bey Handen zu halten sind.

§. 15. Imgleichen ist dem Gemeindevormund in Bezug auf den §. 3 der vorgegangenen Regulativ-Punkte, so wie überhaupt auf die übrigen ihn betreffenden ähnlichen Vorschriften, die genaue Erfüllung seiner Pflichten mit der ausdrücklichen Weisung einzuschärfen: daß er bey einer ihm zur Last fallenden Saumseligkeit, oder im sonstigen Ermangelungsfalle der strengsten Verantwortung, und nach Beschaffenheit der Umstände auch der Ersatzleistung unterzogen, ja von seinem Amt entsetzt werden wird.

6800. 1797.

Regulativ-Punkte,

welche zur ordentlichen Bestellung der öffentlichen Verwaltung der Stühle und Distrikte der Sächsischen Nation vermög höchsten Rescripts vom 22. September 1797 festgesetzt worden sind.

Um bei der öffentlichen Verwaltung der Stühle und Distrikte der Sächsischen Nation den manichfältig eingerissenen Mißbräuchen, dann eigenmächtigen und willkührlichen Behandlungen einen ergiebigen Schranken zu setzen, und den auffer den Städten in den freyen Ortschaften des Fundi Regii wohnhaften sächsischen Bürgern ihre sothane privilegirte Eigenschaft aufrecht zu erhalten, ist die bei der öffentlichen Verwaltung der Stühle und Distrikte der sächsischen Nation in ältern Zeiten bestandene gesetzmässige Verfassung vollkommen herzustellen, durch welche sich ehedem auch dieser Theil der Nation in seiner guten Ordnung und Consistenz, ja überhaupt in seinem Wohlstand erhielt.

Zu dieser Absicht werden nun nachstehende Maßregeln führen, welche dann allgemein unabweichlich, und auf das genaueste zu beobachten seyn werden.

§. 1. Die öffentliche Verwaltung der Stuhls- und Distrikts-Ortschaften in der Sächsischen Nation hat nach ihrer ursprünglichen gesetzmässigen Verfassung, so wie dieselbe in älteren Zeiten bestellt war, aus ihren eigends gewählten Beamten zu bestehen.

§. 2. Die so organisirten Landgemeinden der Sächsischen Stühle und Distrikte haben bei der dasigen öffentlichen Verwaltung ihre eigene Wirksamkeit auf die nehmliche Art und Weise, wie die öffentliche Verwaltung in den Städten auszuüben; Gleichwie ihnen solches vermög der ausdrücklichen Vorschrift des Gesetzes Statutorum Libri I-mi. Tit. I-mi. §. I-mi, und der in demselben angezogenen Privilegien, ebenso wie den in den Städten wohnhaften Bürgern gebühret. Ja auch ferners:

§. 3. Da die auf eben gedachte Art und Weise organisirte Stuhls- und Distriktsgemeinden die eigentliche Repräsentanten der Stuhls- und Distrikts-Ortschaften sind; so darf bei Gegenständen, welche den ganzen Stuhl oder Distrikt betreffen, ohne Vorwissen und Zustimmung besagter Gemeinden keine gültige Verhandlung abgeschlossen, und eben so wenig von den städtischen Magistraten in dieser ihrer Namen ohne derselben Einwilligung eine Vorstellung an höhere Behörden Platz greifen. Damit aber

§. 4. Ueberhaupt bei einer solch öffentlichen Angelegenheit mit der erforderlichen Ordnung und Verläßlichkeit fürgegangen werde, ist es nothwendig derlei Gegenstände anvörderst den Beamten der Stuhls- und Distriktsgemeinden mitzutheilen, welche solche in ihrem ganzen Umfang ihrer Gemeinde vorzutragen, und auf den Fall, wenn dabei einige Bemerkungen zur Richtung des Beamten vorgefallen wären, selbe durch den betreffenden Beamten bei Gelegenheit, wo über dem Gegenstand in der öffentlichen Versammlung des Stuhls oder Distrikts gehandelt und abgeschlossen werden soll, in Erinnerung zu bringen, und überhaupt dafür zu sorgen haben wird: daß in Vertheilung der gemeinen Lasten, Vertheidigung und Behauptung gemeinschaftlicher Gerechtsamen nach Billigkeit und Recht ohne aller Parteilichkeit verfahren werde. Ueber welch' sämmtlichen Vorgang jedoch eine genaue und ausführliche Protocollation, deren öffentliche Ablesung und Authentisirung auf der Stelle zur künftigen Wissenschaft und Darnachachtung zu geschehen hat, zu verfassen sein wird. Obschon nun

§. 5. Bey dem obangeführten Bestand der öffentlichen Verwaltung der Stühle und Distrikte es von selbsten sich versteht, daß in Absicht auf die Verwaltung ihres Vermögens die nemliche Verfassung wie in den Städten zu bestehen habe; so werden hierinfalls die Stuhls- und Distrikts-Gemeinden auch besonders an die genaue Beobachtung der für die städtische gewählte Communitäten vermög besondern Regulativ-Punkten festgesetzte Vorschrift und zwar des 5-ten §. der 1-ten Abtheilung, dann des 5-ten, 6-ten, 7-ten, 8-ten, 9-ten, 10-ten, 11-ten und 12-ten §. der zweiten Abtheilung hiemit ausdrücklich angewiesen.

Wobei dann den Beamten der Stuhls- und Distrikts-Ortschaften, die vermög Statutorum Libro I-mo Tit 1. § 1. eben so wie den städtischen Magistraten obliegende Verbindlichkeit auf das pünktlichste, und bei sonst ihnen aufzulegendem Ersatz zu leisten seyn wird. Im gleichen

§. 6. Hat nach dem Sinn des eben angezogenen Gesetzes die Wahl der Stuhls- oder Distrikts-Beamten von den Stuhls- oder Distrikts-Gemeinden mit Schluß eines jeden Jahres, nach vorläufiger Berichtigung der Stuhlsrechnungen, durch freye Stimmen zu geschehen.

Da aber von einer solchen Wahl die allgemeine Wohlfahrt wesentlich abhanget, so werden die Gemeinden bey derley Gelegenheiten die ausdrückliche Weisung des eben besagten Gesetzes hinlänglich überlegen, und allen Bedacht darauf tragen: daß sie ohne alle privat Rücksichten oder Anhänglichkeit solche Beamten sich wählen mögen, welche zur Besorgung ihres gemeinen Wohls geeignet und nützlich sind.

Wobey jene, in Absicht auf die wegen den Blutverwandschaften vermög des 4-ten §. der zweyten Abtheilung der für die städtische Communitäten bestimmten Regulativ-Punkte festgesetzte Vorschrift auch bei den Sächsischen Stuhls- und Distrikts-Ortschaften auf das genaueste zu beobachten kommt.

Um aber hierinfalls die Stuhls- und Distrikts-Gemeinden immer aufmerksamer zu machen, sind gegenwärtige Regulativ-Punkte bei Gelegenheit der Berichtigung der Stuhlsrechnungen und abzuhaltenden Beamtenwahl öffentlich abzulesen; Gleichwie dieselbe als das Hauptrichtmaß der ordentlichen Amtsgebahrung auch überhaupt das ganze Jahr hindurch in den öffentlichen Versammlungen der Stuhls- und Distrikts-Gemeinden vor Handen zu halten, und in jedem specifischen Fall besonders vorzunehmen sind.

Uebrigens wird dem Notarius, so wie solches in

dem vorgehenden 4=ten §. schon überhaupt vorgeschrieben ist, auch besonders unter strengster Verantwortung eingebunden: daß er in beyden Fällen der Berichtigung der Rechnungen nehmlich und der Beamtenwahl sämmtliche vorgekommene Umstände ausführlich und genau anmerken, sodann das Protokoll öffentlich ablesen und sogleich autentisiren lassen solle.

§. 7. So wie die Berichtigung aller Rechnungen der Stuhls= und Distrikts=Ortschaften mit Schluß eines jeden Jahres obangebeutetermassen zu bewerkstelligen seyn wird, eben so haben die Beamten einer jeden Gemeinde ihre dergestalten berichtigte Rechnungen dem ersten Stuhls= und Distrikts=Oberbeamten gegen Empfangsschein einzuhändigen, dieser aber sothane Rechnungen an den Comes der Sächsischen Nation ohne allen Zeitverlust einzubefördern.

§. 8. Um die Bewohner der freyen Sächsischen Stuhls= und Distrikts=Ortschaften vor allen ungebührlichen Lasten zu verwahren, und in jenen Fällen, wo einige nach Maßgabe der höchsten Anordnungen vorzuschreibende allgemeine Lasten sie ordentlich zu treffen haben würden, einen richtigen Maßstab, nach welchem jeder nach dem eigentlichen Verhältniß seiner Kräfte dieselbe zu tragen hat, festzusetzen, wird folgendes auf das genaueste zu beobachten sein:

a) Ist der Maßstab zur Auftheilung derley allgemeinen Lasten in der Concurrentz der Stuhls= und Distrikts=Beamten zu entwerfen.

b) Muß dabey ein richtiges Verhältniß nach der Beschaffenheit der verschiedenen Kräfte und des Vermögensstandes einer jeden Ortschaft insbesondere beobachtet werden, wozu die Steuer=Tabellen, welche gehörig rectificirt seyn müssen, einigermassen die Richtschnur geben können.

c) Wenn sodann die dießfällige Ausmaß festgesetzt

seyn wird, so ist dasjenige, was hievon nach dem ausdrücklich anzudeutenden Betrag, welcher auf den ganzen Stuhl und Distrikt fällt, sodann aber hievon auf jede einzelne Stuhls- oder Distrikts-Ortschaft angewiesen wird, und jeden einzelnen Contribuenten nach seiner aufliegenden Steuergebühr zu treffen hat, mittels öffentlichen Anschlag kund zu machen. Ueberhaupt:

d) Ist den Innwohnern sämmtlicher Stuhls- und Distrikts-Ortschaften kund zu machen: daß sie ausser den auf diese Art und Weise jeder Gemeinde insbesonders zugetheilten Lasten ein mehreres nicht zu tragen und zu leisten verpflichtet seyn. Nicht minder:

§. 9. Sind jene höchste Verordnungen, welche in Absicht auf die Herstellung der gesetzmäßigen öffentlichen Verwaltung in den Sächsischen Stühlen und Distrikten ergehen, ebenfalls mittelst öffentlichen Anschlag allen und jeden einzelnen Stuhls- und Distrikts-Ortschaften kund zu machen.

§. 10. Hat über derley gemeine Lasten die Abrechnung seiner Zeit in der öffentlichen Versammlung der Stuhls- und Distriktsgemeinden ohne Verzug zu geschehen und jeder Oberbeamte derselben über deren richtigen Erfolg unter strengster Verantwortung, ja bei sonst ihm aufzulegenden Ersatzleistung zu haften. Gleichwie auch

§. 11. In Ansehung der Bewerkstelligung der richtigen Ausmaß und Abfuhr der Steuer, die Stuhls- und Distriktsgemeinden unter der Aufsicht ihrer Oberbeamten die nöthige Sorgfalt anzuwenden haben werden.

Klausenburg, den 13. October 1797.

Allgemeine Punkte,

wornach die Sächsische Nation in Siebenbürgen, auf landesherrliche Verordnung, im Jahre 1805 neuerdings reguliert wurde.

Erster Abschnitt.
Von der öffentlichen Verwaltung.

1=tens. In gnädigster Erwägung, daß die ersten Beamten der Sächsischen Publicorum in denjenigen Stühlen und Distrikten, welche mit Königlichen Freystädten versehen sind, nicht nur für die betreffende Stadt, sondern auch für den ganzen Stuhl und Distrikt Sorge und Aufsicht führen sollen, haben Se. Majestät für gerecht befunden, daß sämmtliche Communitäten solcher Stühle und Distrikte zur Wahl der ersten Beamten mittels ihrer Deputirten concurriren sollen.

In dieser Hinsicht verordnen Se. Majestät: daß die Communitäten der vorberührten Stühle und Distrikte zur Wahl der ersten Beamten, zu benen in den Städten die Bürgermeister, die Stadtrichter, die Stuhlsrichter und in dem Kronstädter und Bistritzer Distrikt auch die Stadthannen zu zählen sind, mit der betreffenden Communität in gleicher Zahl, nämlich so zugelassen werden, daß die eine Hälfte der Wählenden aus der städtischen Communität, die andere Hälfte aber aus der Zahl nach den wählenden Communitätsgliedern gleichkommenden Deputirten der Stuhls=Communitäten bestehe; dahingegen die Senatoren und diejenigen Beamten, deren Wirkungskreis blos local ist und allein auf die betreffende Stadt oder Ortschaft sich beziehet, wohin ausserhalb Kronstadt und Bistritz in einigen Städten und Märkten, auch die Hannen, in der Stadt Kronstadt aber der Stadthauptmann und überhaupt die Oratores oder Vormünder der Städtischen Communitäten gehören, ohne allen Einfluß der übrigen Stuhls- oder Distrikts-Communitäten durch die genannte Bürgerschaft allein gewählet werden sollen; so wie es auf der andern Seite den Genanntschaften, oder sogenannten Altschaften auf den Dörfern frey stehet, sich ihre Geschwornen, Hannen und Vormünder nach der unten weiter zu bestimmenden Art, frei zu erwählen.

Wie aber in jenen Stühlen, wo keine königl. Freistädte sind und in welchem Verhältnisse die betreffenden Communitäten zur Wahl ihrer ersten Beamten zu concurriren haben, das wird im 12. Punkte dieses Abschnittes weiter bestimmt werden.

Ueber jede Wahl der ersten Stuhls- und Distrikts-Beamten ist ein angemessenes Protokoll zu verfertigen und durch den Weg des Hochlöbl. königl. Gubernii zur Einholung der Allerhöchsten Bestättigung für die gewählten ersten Beamten einzusenden.

2-tens. Um dem großen Aufenthalt des Allerhöchsten Dienstes und den mancherley Anständen vorzubeugen, die aus den angeordneten jährlichen Wahlen der Beamten und Magistratsglieder, wie auch der Genanntschaften und aus der Unbeständigkeit der Aemter entstehen, haben Se. Majestät mit gnädigster Erhörung der diesfälligen Bitten der Sächsischen Publicorum, in Anbetracht auch des in vorigen Zeiten bestandenen Gebrauchs, Allergnädigst gestattet, daß die ersten Beamten der Stühle und Distrikte, welche nach dem vorhergehenden §. der Wahl unterliegen, nicht eher, als nach Verfluß zweyer Jahre wieder gewählt werden sollen. Alle übrige Bedienstungen bei den Sächsischen Publicis erklären

Se. Majestät, aus Gründen des allgemeinen Wohls, vorzüglich aber in der Absicht, daß taugliche Individuen, ohne die Besorgniß, durch Volks=Factionen von ihren Bedienstungen entfernt zu werden, in ihren Aemtern bleiben und sich vollkommen auszubilden in den Stand gesetzt werden mögen, nach der vorläufig durch mich als Allerhöchstderoselben königl. Commissaire, einverständlich mit Sr. Excellenz Herrn Comes der Sächsischen Nation vorzunehmenden Restauration, dergestalt für stabil, daß sie keiner Wahl mehr unterliegen, sondern ein jeder der vorerwähnten Magistratualen und Beamten so lange er lebt, es sey denn, daß er durch Vernachlässigung seines Amtes, oder durch ein begangenes Verbrechen die Beseitigung verdiente, oder auch Alterswegen zu weitern Diensten untauglich würde, in seinem Amte sicher und fest verbleiben möge. In gleicher Absicht:

3=tens. Um auch außer den Städten auf freien Märkten und Dörfern der Sächsischen Stühle und Distrikte die öftern Volkswahlen zu vermindern, schränken Se. Majestät die in denselben bisher gewöhnliche jährliche Restauration der Hannen und Wortmänner auf **zwey** Jahre ein; nur in dem Fall, wenn ein Hann oder Wortmann vor dem zweiten Jahre mit Tod abginge, oder aus wichtigen Ursachen von seinem Dienst entfernt werden müßte, wird die Wahl eines andern, in die Stelle dessen, der vom Dienste abgeht oder entfernt wird, vorzunehmen gestattet.

Die Wahl der berührten Dorfsvorsteher soll an denjenigen Orten, wo die Genanntschaft oder Altschaft aus **mehr** als 12 Individuen besteht, von der Genanntschaft, wenn die Altschaft aber nur aus 10 oder weniger bestünde, mit Zuziehung eines jeden Hausvaters vollzogen werden.

Auch die Dorfsgeschwornen erklären Se. Majestät, mit Ausnahme des Hannen und Wortmann in die Zu=

kunft für stabil, dergestalt, daß nur in den Fällen, wenn einer derselben stirbt oder vom Amte entfernt werden muß, oder Alters und Kränklichkeit halber in die Altschaft zurücktritt, ein neuer Geschworner gewählt werden soll. Die Zahl der Geschwornen muß wenigstens in vieren bestehen, deren Verpflichtungen folgendermaßen unter sich zu vertheilen sind, daß einem derselben die Eintreibung der Steuer obliege, welcher die eingesammelten Gelder dem Richter oder Hannen zur Aufbewahrung übergebe, der sie, so wie bisher, in die Perceptorats-Casse abliefern wird; der andere die Rechnungen über die Allodial-Proventen führe; der dritte die Theilungen und die Aufsicht der Waisen besorge und der vierte dem Hannen in seinem Dienst an der Hand sey und ihn erleichtere.

Die Geschwornen werden in den freien Märkten, welche außer dem Hannen noch einen Richter haben, zugleich mit dem Richter und Hannen; auf den Dörfern aber, wo keine Richter sind, mit dem Hannen das Amt, oder wie es auch an einigen Orten genannt wird, den Rath ausmachen. Des Amtes Obliegenheit wird darin bestehen, die höhern Verordnungen in Vollzug zu bringen und für gute Ordnung in allen Stücken, als die eigens dazu bestellte Local-Obrigkeit zu wachen. In die obrigkeitliche Verrichtungen des Amtes hat die Altschaft keinen Einfluß, sondern das Amt wird für sich allein und von der Altschaft unabhängig sein. Der Altschaft kommt auf der andern Seite, unter der Leitung des Wortmanns oder Gemeindevormundes, die Aufsicht auf die öffentliche Wirthschaft und die Prüfung sowohl der Gemeinde, als auch der vormundschaftlichen Rechnungen, nach dem Sinne der Regulativpunkte von 1795 und 1797 zu; die übrigen Einwohner, welche weder zum Amte, noch zur Altschaft gehören, haben sich weder in die Verrichtungen des Amtes, noch der Altschaft zu mischen.

An denjenigen Orten, wo die Allodial-Einkünfte dazu hinreichen, gestatten Se. Majestät auch die Aufnahme eines eigenen Dorf-Notarius, welcher ausser seinen übrigen Dienstobliegenheiten noch die besondere Verpflichtung haben wird, die Protokolle sowohl des Hannenamtes, als der Altschaft zu führen. An denjenigen Orten aber, welche nicht so viel Fond haben, daß sie sich einen eigenen Notarius aufnehmen können, soll es nach Maßgabe der Kräfte der betreffenden Allodial-Cassa erlaubt seyn, daß mehrere Ortschaften sich einen gemeinschaftlichen Notair so aufnehmen mögen, daß zur Besoldung desselben die betreffenden Communitäten in einem gerechten Verhältnisse concurriren.

4. Um auch in ökonomischen Gegenständen eine bessere Ordnung zu erzielen und zu verhüten, daß nicht durch zu öftern Wechsel der Individuen die Cassen-Verwaltung gestört werden möge, erklären Se. Majestät auf eben die Art, wie die Magistrate der königl. Städte und Stuhls-Aemter stabil gemacht worden sind, auch die Genanntschaften oder Hundertmannschaften der königlichen Städte und die Altschaften in den Märkten und Dörfern des Fundi Regii für fortwährend, und befehlen: daß die entweder durch den Tod, oder durch die Entfernung eines oder des andern entstandene Vakanz zur Zeit der Restauration derjenigen Beamten, welche der Wahl unterliegen, mit andern dazu tauglichen Individuen besetzt werde.

5. Die dermalige Restauration wird, im Einvernehmen mit des Herrn Comes Excellenz durch mich, als den eigens dazu bestimmten königl. Commissair, vorgenommen werden. Nach diesem aber wird zu den künftig erledigten Stellen der Rathsglieder, in den königl. Freystädten und den Stuhlsämtern der Tittl. Herr Comes der Sächsischen Nation 3 Individuen candidiren, aus denen die Genanntschaft zu wählen hat. Bei solchen

Erledigungen aber, die sich entweder in königl. Frey=
städten, im Mittel der Genanntschaften, oder in Märkten
und Dörfern in den Altschaften ergeben, hat in den
Städten der Magistrat, auf den Dörfern aber das Amt,
welches aus dem Hannen und den Geschwornen besteht,
3 Individuen vorzuschlagen, von denen die Genannt=
schaft oder Altschaft den, welcher ihr der beste dünkt,
erwählen kann.

Die dermalige Restauration aber, welche mit Ein=
vernehmen des Herrn Comes durch mich vorgenommen
werden wird, hat also vor sich zu gehen, daß fürs erste
die Genanntschaften in den Städten und Märkten durch
die Zünfte und Nachbarschaften aus wohlbegüterten und
durch einen anständigen Lebenswandel bekannten Indi=
viduen gewählt werden. Nach vollzogener Wahl aber
von denen, aus den Mitgliedern der neuerwählten Com=
munität mit Einvernehmen des Herrn Comes durch mich
zu candidirenden Individuen durch die Stimmenmehr=
heit der Wortmann oder Gemeinde=Vormund bestellet
werde.

Wenn die Genanntschaft auf diese Art vollzählig
bestellt seyn wird, so wird die Wahl des städtischen Ma=
gistrats, oder der Senatoren erfolgen, von denen in eini=
gen Städten der Stadthann, zu Kronstadt aber der
Stadthauptmann, gewählt werden wird. Ist dieses ge=
schehen und der Magistrat gehörig introducirt, so sind
die Deputirten der Märkte und Dörfer des betreffenden
Stuhls oder Distrikts zusammen zu rufen, welche in
Städten zugleich mit den städtischen Genanntschaften, in
kleinern Stühlen aber mit den Deputirten der Markts=
gemeinde, die Wahl der ersten Beamten vornehmen werden.

Zu einer jeden, der zu restaurirenden Stelle werde
ich, mit Einvernehmen des Herrn Comes der Sächsischen
Nation 3 Individua candidiren, und dasjenige, was mir
von Höchsten Orten aufgetragen worden ist, beobachten.

6. Wenn künftighin die Stelle eines Notars oder Fiscals erlediget seyn wird, so hat der betreffende Magistrat oder das Stuhlsamt diejenigen Individuen, die ihm die fähigsten scheinen, dem Herrn Comes vorzuschlagen, welcher einen aus denselben zu ernennen hat. Zum Allodial-Perceptorat aber hat die betreffende Genanntschaft aus Dreien ihr vom Magistrat vorzuschlagenden Individuen zu wählen. Die Bestellung von Secretairen und andrer kleinen Bedienstungen bleibt dem Magistrat überlassen, jedoch so, daß dem Comes darüber von Zeit zu Zeit der Bericht erstattet werde.

7. Da durch die, nicht nur den Senatoren und subalternen Beamten, sondern auch den Genanntschäften selbst für die Zukunft zugestandene Permanenz, jeder öftere Wechsel der Individuen, wodurch das Ansehen der Beamten zum Nachtheil ihrer Dienstesverrichtungen verschmälert werden möchte, von sich selbst aufgehört, so erübriget, um das Band der Subordination zu befestigen, nichts mehr, als daß die Magistratuales zur Bewahrung des nöthigen Ansehens unter ihren Mitbürgern, in Erfüllung ihrer Amtsobliegenheiten nicht ermangeln lassen und mit gutem Beispiele, mit Rechtschaffenheit, unsträflichem Lebenswandel die Gemüther und das Zutrauen des Volkes zu gewinnen trachten.

8. Insoweit der Hr. Comes der Nation durch seine Amtspflichten nicht abgehalten wird, gehört es zu seiner Hauptobliegenheit die seiner Obsorge anvertrauten Kreise jährlich zu besuchen, und sich davon persönlich zu überzeugen, ob die öffentlichen Geschäfte gehörig verhandelt und Ruhe und Ordnung aufrecht erhalten werden; wo aber besondere Umstände es erfordern, da wird er sich plötzlich und unversehens dahin begeben, die unordentlich befundene Amtsführungen verbessern und den entdeckten Mängeln und Gebrechen abhelfen.

9. Die Allerhöchsten, wegen Vermeidung des Ne-

potismus erflossenen Verordnungen verbleiben zwar in ihrer Kraft, jedoch wird dem Hrn. Comes der Nation die höchste Vollmacht ertheilt, in Fällen, wo es das Beste des Dienstes erheischet, von ihrer Strenge unter der Bedingung zu dispensiren, daß er bei eintretendem Falle dem königl. Gubernium mit Anführung der Beweggründe die Anzeige erstattet. Nach dieser Analogie werden auch die zu bestellenden Stuhls- oder Distrikts-Inspektoren, von denen im nachfolgenden Punkte die Rede seyn wird, in Fällen, wo es um des Dienstes Willen nöthig ist, von der Strenge der dießfälligen Anordnung zu dispensiren gegen dem befugt seyn, daß sie dergleichen Fälle dem Magistrat alsogleich mit Anführung der Beweggründe anzeigen mögen.

10. Sr. Majestät gnädigste Absicht ist auch darauf gerichtet, daß den Unordnungen, welche in der Verwaltung der Dörfer durch den beschränkten Einfluß der Stuhls- und Distriktsbeamten entstanden sind, vorgebeugt werde. Wiewohlen nun die Aufsicht über die Stühle und Distrikte eigentlich den ersten Beamten anvertraut ist; weil jedoch diese wegen der Centralleitung der Geschäfte, welche ihre Gegenwart an ihrem Amtsorte erheischet, auf längere Zeit sich nicht entfernen können: so gestattet Seine Majestät allergnädigst, daß in den Stühlen und Distrikten aus dem Mittel der Senatoren oder Stuhlsbeamten die besten Individuen zu Inspektoren bestellt werden, zu deren Amtspflicht es gehören wird, genau darauf zu wachen, daß die höhern Verordnungen und Befehle zum schleunigen Vollzug gelangen, die öffentliche Sicherheit und gute Ordnung erhalten, alle Excesse und Gewaltthätigkeiten verhütet, die gemeinen Lasten verhältnißmässig und ohne Jemandes Bebürdung aufgetheilt, die Wahlordnung gehörig beobachtet, für die Erziehung der Jugend angemessene Sorge getragen werde.

Diese Inspektoren werden außerdem verpflichtet seyn,

der Localcensur der Allodialrechnungen, wie auch der durch die Altschaft vorzunehmenden Wahl der Dorfsvorsteher beizuwohnen. In dieser Absicht werden dieselben gewöhnlich alle Vierteljahr einmal, folglich jährlich viermal, die ihrer Aufsicht anvertrauten Cirkel visitiren, und über den Vollzug ihrer Amtspflicht dem Magistrat ein Protokoll einreichen; dieses wird der Magistrat dem Herrn Comes einsenden. Dem ersten Beamten bleibt es nichtsdestoweniger unbenommen, ja es gehört zu seiner besondern Amtspflicht, in soweit es seine Geschäfte gestatten, die Stuhls- oder Distriktsortschaften auch selbst zu bereisen, und von dem Geschäftsgang und Amtsführung aus den Local-Protokollen Kenntniß zu schöpfen.

11. Was die, dem zum Landtag oder Nationalkonflur bestellten Deputirten zu ertheilende Instruction anbelangt, so bleibt es zwar den städtischen Communitäten unbenommen, auch in Ansehung politischer Gegenstände, wofern sie einige Bemerkungen deswegen hätten, ihre Meinung in Form eines Vorschlags, eines Postulats, oder einer Beschwerde dem Magistrat zur gehörigen Prüfung zu übergeben. Zur Pflicht des Magistrats gehört es, nach genauer Ueberlegung der Sache eine angemessene Instruction auszuarbeiten, die, wenn sie vorläufig der Genanntschaft vorgelesen worden, durch den Orator zu unterzeichnen, dann aber vom Magistrate zu autentisiren und den Deputirten zu eigner Richtung zu übergeben ist. Die Activität der zum Nationalkonflur abzuschickenden Deputirten soll in soweit beschränkt seyn, daß sie auf den Nationalkonflur in Ansehung der ökonomischen Gegenstände, welche den Stuhl oder Distrikt überhaupt betreffen, ohne Vorwissen und Einwilligung ihrer Communitäten, wie solches ohnehin den bestehenden Allerhöchsten Verordnungen zuwider ist, keine Neuerungen machen, und sich in keine schädliche Tractaten einlassen mögen.

12. Die Abhaltung der Stuhlsversammlungen ge-

statten Se. Majestät zwar auch für die Zukunft, damit aber durch deren zu häufige Wiederholung nicht die industriöse und arbeitsame Menschenklasse von der Arbeit und der Gewinnung ihres Lebensunterhalts abgezogen werde: so verordnen Seine Majestät, daß dergleichen Stuhlsversammlungen nicht mehr, als zweymal im Jahre abgehalten und die Activität dieser Versammlung nur auf folgende Gegenstände beschränket werde; nämlich: auf die Censur der Stuhlsrechnungen, auf die Vertheilung der gemeinen Lasten, Verhandlung der ökonomischen Gegenstände, auf die Erwählung der, der Wahl unterliegenden ersten Stuhlsbeamten, wozu der Herr Comes jederzeit candidiren wird, Ernennung der Deputirten zum Landtag oder Nationalkonflur, auf die Berathschlagungen über den Weg= und Brückenbau und anderer ähnlichen und gemeinnützigen Gegenstände.

Zu diesen Stuhlsversammlungen hat in jenen Stühlen oder Distrikten, wo keine königliche Freystädte sind, eine jede Ortschaft (mit Inbegriff des Marktes, in welchem sich das Praetorium befindet) zwei Deputirte abzuschicken. In jenen Kreisen aber, wo königliche Freystädte sind, hat die Genanntschaft (ausser in dem Fall einer vorzunehmenden Beamtenwahl, bei welcher die Genanntschaft in gleicher Zahl mit den Dorfsdeputirten concurrirt) höchstens sechs Individuen aus ihrem Mittel zu berlei Stuhls= oder Distriktsversammlungen als Deputirte zu schicken.

13. Gleichwie sowohl die ersten, als auch die übrigen Beamten überhaupt den Vollzug der höhern Verordnungen und Befehle zu bewirken verpflichtet sind: so hat insbesondere ein jeder Beamte, welchem vermög Beschluß des Magistrates, oder des Stuhlsamtes, ein Geschäft aufgetragen wird, dieses ihm anvertraute Geschäft genauestens zu vollziehen. Im Fall aber sich wichtigere Hindernisse ergeben, hat er solche sogleich dem Magistrat oder Stuhls=

amt zur gehörigen Abhülfe anzuzeigen, welches besonders die Distrikts- oder Stuhls- und Zunftinspektoren zu beobachten und die bemerkten Gebrechen und Mißbräuche, die sie selbst nicht heben können, dem Magistrat anzuzeigen haben werden.

14. Der erste Beamte in einem jeden Stuhl oder Distrikt wird eine besondere Vormerkung über die vorkommenden Materien, mit der Bemerkung, wem sie zugetheilt worden, und was darüber beschlossen ist, führen. Diese Vormerkung wird auch dazu dienen, damit er die im Dienste fahrläßigen Beamten unverzüglich an ihre Pflicht erinnere, und ist dem Herrn Comes der Nation mit gewissenhafter Anzeige der allenfalls fahrläßigen Beamten vierteljährig einzusenden.

15. Der Pupillenverwalter in den Städten ist verpflichtet, dem Magistrate jährlich einen Tabellarischen Ausweis vorzulegen, worinn nicht nur der Name des Tutor's eines jeden Pupillen und der Betrag der Pupillar-Substanz nach dem Inventario, mit dem im verflossenen Jahr hinzugekommenen Zuwachs des Vermögens, sondern auch die Zeit der vom Vormund gelegten Rechnung, mit beigefügter kurzer Bemerkung auf was für eine Art für die Erziehung der Pupillen gesorgt sey, klar und deutlich angeführt werden muß, damit der Magistrat daraus den Stand des Pupillenwesens gehörig übersehen, nach Maßgabe der Umstände das Nöthige verfügen und die nachläßigen Vormünder ohne weiters zur Erfüllung ihrer Pflicht verhalten könne und möge. Außerdem wird es zu seinen Obliegenheiten gehören:

1. Den Theilungsbrief, in welchem die Pupillar-Substanz angemerkt ist, in ein besonderes Protokoll einzutragen.

2. Die der Verderbniß ausgesetzte Pupillar-Realitäten durch Versteigerung zum Vortheil der Pupillen verkaufen zu lassen, das dafür eingegangene Geld aber, wie

auch was sonst in Geld vorhanden ist, gegen hinlängliche Sicherheit auf Zinsen anzulegen und gegen gleiche Sicherheit auch die Häuser und liegende Gründe zu vermiethen und zu verpachten.

3. Getreue und geschickte Vormünder zu bestellen und denselben das Pupillarvermögen mit dem Inventario, gegen hinlängliche Sicherheit, mit der Verbindlichkeit einer jährlichen Rechnungslegung zu übergeben.

4. Die Vormünder zur gehörigen Zeit zur Rechnung aufzufordern und zu sorgen, daß die Pupillen entweder in die Schule geschickt oder zu einem Handwerk verwendet werden.

5. Der Pupillen-Inspector wird zugleich auch das Grundbuch des Ortes, in welchem er die Waisen-Inspection hat, führen, insofern ein solches Grundbuch vorhanden ist.

Auf den Dörfern hat einer der Geschwornen, nämlich derjenige, welcher auch die Theilungen besorgt, auf die Waisen besondere Obsorge zu tragen und besonders darauf zu sehen, daß da, wo keine Vormünder sind, selbe mit Vorwissen und Einstimmung des Amtes bestellt werden; die bestellten Vormünder aber ihre Pflichten erfüllen und der Altschaft die Rechnungen über die Pupillar-Substanz ablegen und für die Erziehung der Waisen bedacht seyn mögen.

16. Auch indessen bis eine allgemeine Polizeyordnung für das ganze Land ausgearbeitet seyn wird, hat sich in Kronstadt der Stadthauptmann, in andern Städten aber der Stadthann als derjenige Beamte, welchem die Aufsicht über die Polizei besonders obliegt, nach der mitgetheilten Instruction zu verhalten, welche auch denen Beamten in kleinern Stühlen und Kreisen, welche mit keinen königl. Freystädten versehen sind, in soweit die darin enthaltenen Punkte ihre Anwendung nach der Localität finden, zur Richtschnur zu dienen hat.

17. Es gehört zur Obliegenheit der städtischen Magistrate; jede Art von Gebäcken und Fleischgattungen mit gehöriger Rücksichtnehmung auf den, auch an andern Marktplätzen geltenden Preis der Früchte und des Viehes zu limitiren, die Limitation aber gewöhnlichermaßen kund zu machen und an öffentlichen Orten zur allgemeinen Wissenschaft anzuschlagen; gleichwie die Markts-Inspectoren unter eigner Verantwortlichkeit darauf sorgen werden, daß die limitirten Preise genau beobachtet, die Ubertreter aber dem Magistrate ungesäumt angezeigt werden; zugleich haben selbe darauf zu sehen, daß zur Zeit der Jahrmärkte und Wochenmärkte ein jeder Verkäufer den ihm angewiesenen Platz einnehme und nicht durch die unordentliche Stellung der Wägen die Gassen versperrt werden.

18. Den Weg- und Brückenbau auf den öffentlichen Straßen zu befördern, gehört zu den vorzüglichen Obliegenheiten der ersten Beamten, so wie auch der Magistrate oder Stuhlsämter; wo diesfalls Kosten erforderlich sind, da ist durch den Ingenieur ein Plan und Kostenüberschlag zu verfassen und in dringenden Fällen, wo weniger als 400 fl. erfordert werden, die Genehmigung des Herrn Comes, in Fällen aber, wo mehr als 400 fl. erforderlich sind, nach Beschaffenheit der Umstände, die Bewilligung des königl. Gubernii oder des Allerhöchsten Hofes einzuholen.

19. Die Oberaufsicht über die Subaltern-Beamten, als da sind in Kronstadt der Vice-Stadthauptmann, in Hermannstadt der Hopner, überhaupt aber die Quartiermeister, die Ingenieurs, die Physici, der Forstmeister, die Magazins-Commissaire, die Marktrichter, ꝛc. ꝛc. kömmt den ersten Beamten und Magistraten zu. Um ihrer thätigen Dienstleistung vollkommen versichert zu seyn, befehlen Se. Majestät, daß diese Subaltern-Beamten in besonderen

und wichtigen Fällen einen schriftlichen Bericht abstatten sollen.

20. Gleichwie Se. Majestät befehlen, daß bei wichtigen politischen Verhandlungen, welche beim Magistrate oder Stuhlsamt vorkommen, die besondere Meinungen der Magistratualen dem Protokoll einzeln eingeschaltet werden; so steht es zugleich einem jeden Magistratualen frei, auch bei gerichtlichen Verhandlungen da, wo er es zu seiner Bedeckung nothwendig findet, sein Votum separatum in das Protokoll abzugeben, jedoch dem Beschluß der Majorität unbeschadet.

21. In Absicht der Handwerker und Zünfte hat der Magistrat oder das Stuhlsamt unter andern auch darauf Sorge zu tragen, daß vorzüglich geschickte und gutgesittete Gesellen von Erhaltung des Meisterrechts nicht ausgeschlossen werden; gleichwie auch der Herr Comes seiner Seits die Abwendung dergleichen Klagen verhüten und die in solchen Fällen an ihn gelangenden Bittgesuche, mit genauer Erwägung der vorhandenen Local-Umstände in verdiente Rücksicht nehmen wird.

22. Um in den größern Städten, wie Hermannstadt und Kronstadt die Bequemlichkeit des Publici, die Sicherheit der Gebäude und die Symetrie der Straßen zu erzielen und zugleich dafür zu sorgen, daß nicht durch üble Bauführungen Feuersgefahr entstehe, so ist über ein jedes, in der Stadt neu zu erbauende Haus der Riß oder Plan dem Ingenieur vorläufig in der Absicht mitzutheilen, damit er beurtheile, ob das aufzuführende Gebäude nach den Regeln der Baukunst alle erforderliche Eigenschaften habe. Wenn die Ueberzeugung hiervon vorhanden und die Erlaubniß des städtischen Magistrats erfolgt ist, so steht der Bauführung nichts entgegen. Die Bewohner der bei selben befindlichen Vorstädte aber sind eben auch aus der Absicht, um, wenn Feuersgefahr entsteht, die weitere Verbreitung des Feuers zu verhüten,

dahin aufzumuntern, daß sie Bäume vor ihre Häuser pflanzen mögen.

23. Damit auch in den freien Märkten und Dörfern die Geschäfte ordentlich verhandelt werden, so haben Se. Majestät die vorzüglichen Pflichten des Amtes in gedachten freien Märkten und Dörfern in Folgendem vorzuschreiben geruht:

a) In den Märkten hat der Richter, in den Dörfern aber der Hann die von der Obrigkeit erhaltenen Befehle alsogleich den Geschwornen mitzutheilen und sich mit ihnen über die Art der geschwinden Ausführung zu berathschlagen, was zur allgemeinen Wissenschaft gelangen muß, gewöhnlichermassen kund zu machen und was auszuführen ist, mit Hülfe der Geschwornen zu bewerkstelligen. Alle von höhern Behörden erhaltene Verordnungen sind mit beigefügter kurzer Bemerkung, wie und wenn sie zum Vollzug gekommen, dem Amtsprotokolle einzuschalten.

Die höhern Verordnungen, welche die Gemeinde-Wirthschaft und Cassa betreffen, hat das Amt der Altschaft zu ihrer Wissenschaft und Richtung mitzutheilen und ohne ihren Wissen und Einwilligung, in wirthschaftlichen und Cassa-Sachen nichts vorzunehmen.

b) Die Verordnungen, welche von dem Magistrate oder Stuhls-Officiolat in Polizei- und Sanitäts-Sachen erlassen werden, hat das Amt sowohl selbsten zu beobachten, als auch durch andere beobachten zu lassen; die Widerspenstigen, welche den Gehorsam versagen, nach Beschaffenheit der Umstände entweder selbsten zum Gehorsam zu zwingen, oder dem Magistrat oder Stuhlsamt zur Verhängung der nöthigen Strafe anzuzeigen.

c) Das Amt muß darauf sorgen, daß die Jugend in Zucht und guter Ordnung erhalten werde, und im

Einvernehmen mit dem Ortspfarrer den Bedacht dahin nehme, daß die Kinder die Schule fleißig besuchen, in der Schule aber zur Religion und einem moralischen Lebenswandel angehalten werden, damit sie von Jugend an sich guter Sitten befleißigen.

d) Im Fall, daß eine gefährliche oder epidemische Krankheit unter Menschen oder Vieh sich äußern sollte, wird das Amt den betreffenden Stuhls- oder Distrikts-Arzt oder Chirurgus alsogleich davon benachrichtigen.

e) Auf die Erhaltung der öffentlichen Gebäude, der Gemeinde-Waldungen und Feuerlösch-Requisiten, wie auch auf die Verbesserung der Wege und Brücken, soll das Amt sein vorzügliches Augenmerk richten.

f) Obgleich in Ansehung der Waisenbesorgung ein eigener Geschworner angeordnet ist, so hat jedoch auch das Amt überhaupt sich diesen Gegenstand mit angelegen sein zu lassen.

24. Wenn es nöthig ist, haben die Distrikts- oder Stuhls-Inspectoren auch bei der Verpachtung der öffentlichen Realitäten in den Gemeinden gegenwärtig zu seyn, so wie auch, wenn es nothwendig sein sollte, der betreffende Distrikts- oder Stuhls-Perceptor bei der Censur der Allodial-Rechnungen verwendet werden kann; die Aufsicht über die öffentlichen Gebäude in den Dorfgemeinden hat der Gemeinde-Wortmann zu führen, der betreffende Inspektor aber wird bei Gelegenheit seiner Bereisungen Acht haben, daß der Wortmann dieser seiner Schuldigkeit genau nachkomme.

Ueberhaupt wird der Inspektor darauf sorgen, daß den obrigkeitlichen Verordnungen willige Folge geleistet werde, und in Ansehung der Behebung der vorkommenden Schwierigkeiten die Local-Aemter gehörig belehren. Der Herr Comes aber und Magistrat wird Acht haben, daß die Inspektoren die Gränzen ihrer Activität nicht übersteigen, sich aller Erpressungen enthalten, nach Beendigung ihrer Arbeit an den Amtsort zurückkehren und ohne hinlängliche Ursache sich nicht zur Beschwerde der Gemeinde, die ihrer Aufsicht anvertraut ist, in den Stuhls= oder Distrikts=Ortschaften aufhalten mögen, widrigenfalls sie sich einer verdienten Ahndung aussetzen würden.

25. In Ansehung des Gesundheitsstandes und der Apotheken bleiben die bestehenden Verordnungen in ihrer Kraft, sowie auch die öffentlichen Physici und Chirurgi nach denen im Sanitätswesen vorhandenen Instructionen zu verfahren, die ihnen anvertrauten Kreise öfters zu besichtigen und besonders in Fällen einer epidemischen Krankheit unter Menschen oder Vieh schleunigen Beistand zu leisten haben, in so lange aber bis der Stand der betreffenden Cassen die Anstellung examinirter Hebammen zuläßt, werden die Kreis=Physici auch auf die Dorfshebammen ihr Augenmerk richten und ihnen bei Gelegenheit der gewöhnlichen Visitation der Ortschaften die nöthige Einleitung geben. Hiebei verordnen Se. Majestät, daß gleichwie überhaupt darauf zu sorgen sey, daß die Leichname der Verstorbenen vor Ablauf der diesfalls festgesetzten Zeitfrist nicht begraben werden mögen, zu gleichem Endzweck, um des wirklichen Todes versichert zu sein, in den Städten eine ordentliche Todtenbeschau eingerichtet werde.

26. In so lange bis eine allgemeine Feuerlöschordnung eingeführt werden kann, befehlen Se. Majestät, daß den diesfalls bestehenden heilsamen Verordnungen allgemeine Folge geleistet werde; so wie denn auch diejenigen Gemeinden, worin es noch an den nöthigen Feuerlösch=Requisiten ermangelt, befugt seyn sollen, nach Maßgabe der Kräfte ihrer Allodial=Cassen, wegen Bewilligung der nöthigen Kosten hierzu in gewöhnlichem Wege einzukommen.

27. Die Distrikts= oder Stuhlsortschaften haben

nach Sr. Majestät Befehlen zu den Wegen, welche zu einer Stadt oder einem Prätorial-Markt führen, und welche sie für sich benützen, sowohl durch Handarbeiten, als auch durch Fuhren mit zu concurriren, jedoch wird der betreffende Magistrat oder das Stuhlsamt den genauen Bedacht darauf nehmen, daß die dießfällige Last verhältnißmäßig vertheilt werde, und daß die Dorfsleute zu der Zeit verschont bleiben, wo sie mit ihren häuslichen Wirthschaftsarbeiten beschäftiget sind. Die Genehmigung der zu einem solchen Wegbau etwa nöthigen Summen ist in gehörigem Wege einzuholen; wobei darauf zu sorgen ist, daß die betreffende Stadt oder der betreffende Markt, welchen der Wegbau mit zu statten kommt, auch mit concurrire.

28. In sofern es mehreren Gemeinden daran gelegen sein muß, sich mit Pferden von größerm Schlag zu versehen, gestatten Se. Majestät, daß nach Maßgabe der Kräfte der Allodial-Cassa um die Bewilligung der zur Anschaffung guter Beschäller nöthigen Kosten im gewöhnlichen Wege eingeschritten werden könne.

Zweiter Abschnitt.
Ueber die Gerichts-Verwaltung.

1. Da zu einer schleunigen und angemessenen Justiz-Verwaltung die Kenntniß der Gesetze, der gerichtlichen Formeln und eine längere Erfahrung nothwendig erfordert wird, so haben Se. Majestät zur Behebung der Mißbräuche, die zum großen Schaden der prozeßführenden Partheyen durch die gerichtliche Procedur der Dorfsgerichte entstanden sind, diese Dorfsgerichte in Absicht der Verhandlung ordentlicher Prozesse außer Activität zu setzen und zu befehlen geruht, daß die vorher gewöhnlichen und auch in den Statuten, insbesondere Statutorum Libr. I. Tit. II. §. 6, gegründeten ordentlichen Gerichts-

barkeiten wieder hergestellt, der Wirkungskreis der Dorfsgerichte aber für die Zukunft blos dahin beschränkt werde, daß sie die mündlichen Klagen und Beschwerden von minderer Wichtigkeit im Wege der Complanation aufnehmen und entscheiden sollen; der mit dem Urtheil des Dorfsgerichtes nicht zufriedenen Partey soll es unbenommen bleiben, den ordentlichen Rechtsweg vor dem betreffenden Stuhlsrichter, im Kronstädter und Bistritzer Distrikte aber vor dem Stadthannen einzuschlagen.

2. Um der im Mittel der sächsischen Nation überhand genommenen Prozeßsucht zu steuern und aus Gründen des gemeinen Wohls, haben Se. Majestät die vor einiger Zeit abgeschafften Gerichts-Taxen für die Zukunft wieder herzustellen, und in den sächsischen Gerichten wieder einzuführen befunden; jedoch unter der Bedingung, daß diese Taxen in Zukunft dem betreffenden Allodial-Fond eingeliefert und in der Reihe der ordentlichen Allodial-Proventen in Rechnung genommen werden: damit die Beamten und Magistratualen zu ihrer Besoldung auch hiedurch eine Beihülfe erlangen. Darüber aber, wie diese Gerichts-Taxen in Hinkunft festzusetzen und ordentlich zu administriren sind, wird eine eigene Allerhöchste Verordnung die nöthige Anweisung ertheilen.

Uebrigens wird die unterm 18. Dezember 1800, Nr. 4671, erflossene Höchste Verordnung, vermöge welcher in Fällen, wo aus dem Mittel der Magistrats-Individuen, welche zur Besichtigung oder vorzunehmenden Inquisition gerichtlich ausgeschicket werden, einem Senator täglich 1 Gulden, einem Sekretär aber auf den Tag 40 kr. bewilliget werden, von Sr. Majestät bestätigt.

3. In Fällen, wo die streitenden Partheyen sich durch die Sentenz des Stuhlsrichters oder Stadthannen beschwert glauben, da wird in jenen Stühlen und Distrikten, wo königliche Freystädte sind, die Appellation an den städtischen Magistrat, in jenen aber, wo keine Frey-

städte sind, an das Stuhls-Offiziolat, das aus dem ersten Beamten, aus den Stuhls-Beisitzern, Notarius, Fiscal und Secretair (mit Beiziehung auch des in loco befindlichen Perceptors) zu bestehen hat, freistehen; wobei sich von selbst versteht, daß der in erster Instanz Richter gewesen ist, im Apellatorio keinen Richter abgeben könne. Eben dieses gilt auch vom Fiskal in solchen Prozessen, wo er eine der Partheien vertreten oder ihr beigestanden hat.

4. Sowohl die Richter in erster Instanz in den Distrikten und Stühlen überhaupt, als auch die Magistrate und Stuhlsämter im Apellatorio, werden über alle bei ihnen verhandelte Prozesse halbjährig Ausweise mit Bemerkung der Ursachen, warum dieser oder jener Prozeß noch nicht entschieden worden, dem Herrn Comes einsenden, welches auch der Magistrat oder das Stuhlsamt, in Ansehung der bei ihm in Apellatorio hangenden und von Zeit zu Zeit entschiedenen Prozesse beobachten wird.

Die Richter der ersten Instanz sind verpflichtet, bevor die förmliche gerichtliche Prozebur eröffnet wird, alle Mühe dahin zu verwenden, daß sie die Partheyen zu einem gütlichen Vergleich bringen und sie von dem beschwerlichen und kostspieligen Prozessiren abhalten. Geht der gütliche Vergleich nicht von statten, so ist den Aermern, wenn ihre Armuth erprobt erkannt ist, Fiskal-Assistenz beizugeben, in welchen Fällen der Fiskal solche Partheyen von Amtswegen vertreten und ihnen beistehen wird.

5. Sowohl über die beim Magistrat oder Stuhlsamt in Apellatorio, als auch über die bei dem ersten Beamten verhandelten Prozesse ist ein besonderes Protokoll zu verfassen, in welchem auch die summarischen gerichtlichen Verhandlungen zur Sicherheit der Partheyen einzutragen sind.

6. Der **Fiskal** wird über alle von ihm verhandelte Gegenstände nach der Reihe, wie sie bei ihm vorkommen, ein Protokoll führen, damit nicht nur der Herr Comes bei Gelegenheit seiner Bereisung, sondern auch der Magistrat oder das Stuhlsamt, wenn es solches nothwendig findet, von seinen Beschäftigungen und Arbeiten Einsicht nehmen könne.

Auch legen Se. Majestät dem **Fiskal** noch die besondere Verpflichtung auf, daß er dem Magistrat alle halbe Jahre einen genauen Ausweis über die Prozesse, die von Seiten des betreffenden Publici schon im Gang sind und die noch in Gang gebracht werden sollen, einreiche. Bei wichtigen Prozessen aber, die größere Ausgaben erfordern, hat der Magistrat vorläufig mit Beischließung der nöthigen Documente an Herrn Comes einen ausführlichen Bericht zu erstatten, und die Bewilligung desselben einzuholen, damit die Allodial-Cassa auch hiedurch von unnöthigen Ausgaben verwahret werde.

7. Die vorschriftmäßig verfaßte Tabelle über die **Gefangenen** ist dem Herrn Comes der Nation vierteljährig einzusenden. Die Gefangenen sind zu nützlichen Handarbeiten zu verwenden, die hierdurch eingehenden Summen sind auf ihren Unterhalt zu verwenden und von dem Zuchtmeister ordentlich zu berechnen.

8. Die **Theilungen** in den größern Städten sind durch zwei Theilämter zu verrichten, wozu der Magistrat jederzeit bewährte, rechtschaffene und verständige Männer bestellen wird, welche dieses Geschäft gegen ordentlich ausgemessene Theilungsgebühren versehen werden. Worin diese Theilungsgebühren zu bestehen haben, wird künftighin eröffnet werden. In den kleineren Städten aber und in den Stühlen, wo keine Städte sind, da werden in den Prätorial-Märkten die Theilmänner ihr Amt unter dem Vorsitz des betreffenden Pupillen-Inspectors verrichten; auf den Dörfern aber wird einer der

Geschwornen mit Hülfe eines Altschaftsmannes und des Notairs sich diesen Geschäften eigens widmen, dessen Amtsführung mit unter der Aufsicht des Inspectors stehen wird.

Ueber die Theilungs-Verhandlungen sind ordentliche Vormerkungen zu halten, worin das Nöthige zur Sicherheit der Partheyen bemerkt werden muß. Die Theilungs-Protokolle sind nach Verlauf eines jeden Jahres dem Magistrat; auf den Dörfern aber dem Amte zu übergeben.

Wenn bei der Theilung eines Vermögens in der Stadt theilnehmende Pupillen vorhanden sind, so hat das Theilamt da, wo solches für sich allein bestehet, sogleich den Auszug aus dem Theilbrief über die Pupillar-Substanz dem Pupillen-Inspector mitzutheilen, damit derselbe darüber seine Vormerkungen verfassen und das übrige, was sein Amt mit sich bringt, veranlassen könne. Da aber, wo der Pupillen-Inspector zugleich Präses des Theilamts ist, hat derselbe nach der Vorschrift zu verfahren. Eben so hat auch auf den Dörfern der Geschworne, welcher die Aufsicht über die Theilungen und zugleich über die Waisen hat, in jedem Fall, wo bei den Theilungen Waisen vorkommen, zugleich als Waisenvater darauf zu sorgen, daß dasjenige, was den Waisen nach der Theilung gebühret, ordentlich vorgemerkt und für dieselben, nach der gegebenen Vorschrift gesorgt werde. Wenn bei Theilungen auf den Dörfern Streitigkeiten entstehen, welche durch die Theilmänner und das Amt nicht geschlichtet und verglichen werden können, und die Sache zum ordentlichen Prozeß kommen muß, so haben sich die Partheyen in solchen Fällen an den Stuhlsrichter oder in einigen Städten an den Stadthannen zu wenden.

Die Theilämter in den Städten machen zugleich über Streitigkeiten, die aus den Theilungen entstehen, das Forum primae Instantiae aus. In dieser Eigenschaft haben die städtischen Theilämter über die bei ihnen hangenden und verhandelten Prozesse dem Magistrate und dem Herrn Comes vierteljährig mit Bemerkung der Ursachen, warum ein und anderer Prozeß noch nicht entschieden ist, ordentliche Ausweise vorzulegen.

9. Die freyen Märkte, welche auch in den vorigen Zeiten ihre eigene Gerichtsbarkeit gehabt haben, bestätigen Se. Majestät auch in die Zukunft darin; nur soll bei Verhandlung wichtigerer Prozesse der betreffende Inspektor gegenwärtig seyn, und darauf sorgen, daß Recht und Gerechtigkeit geübt werde. Auch in diesen Märkten sollen die Gerichts-Taxen in die Allodialcassa fließen, und der betreffende Gemeinde-Wortmann und die Altschaft bei Durchgehung der Marktsrechnungen darauf sehen, daß solche gehörig verrechnet werden.

Dritter Abschnitt.

Von dem Wirthschafts- und Rechnungswesen der Nation und der Publicorum.

1. Se. Majestät finden es für die angemessene Wirthschaftsverwaltung in der Nation nicht nur zuträglich, sondern auch höchst nothwendig, daß die Präliminar-Systeme, sowohl über die Nationalcassen, nämlich die Fogarascher und Siebenrichter-Cassa, als auch über die Allodial-Cassen der Städte und Stühle, sowie über die Gemeinde-Cassen der einzelnen Märkte und Dörfer in der bisher gebräuchlichen Art, zusammt den vorgeschriebenen Rechnungs-Ausweisen auch fernerhin in den bestimmten Terminen unabläßig eingeschickt werden. Um dabei auch über den wahren Stand des Zuwachses oder Abfalls des National-Vermögens jährlich desto sicherer in die Kenntniß gesetzt zu werden, sollen den Präliminar-Systemen über die Fogarascher und Siebenrichter-Casse

auch die Ausweise über den Stand des vorigen Jahres beigefüget und zugleich mit eingesendet werden.

2. In Anbetracht dessen, daß sowohl im Mittel der Sächsischen Nation überhaupt, wie auch in den Städten und Distrikten insbesondere, dann in den königl. Frey= städten und Märkten öftere Fälle von Verbesserung der Wege, der Brücken und der öffentlichen Gebäude sich er= geben, die keinen langen Aufschub leiden, so ertheilen Se. Majestät, um denen aus dem längern Aufschub entstehenden größern Kosten vorzubeugen, dem Herrn Comes der Nation die Befugniß, daß er, unter an= zuhoffender Begnehmigung die kleinern, zu dergleichen Reparaturen nothwendigen Kosten, welche die Summe von 400 Gulden nicht übersteigen, bewilligen könne. Wenn aber eine größere Summe erforderlich wäre, so wird der Herr Comes darüber dem königl. Gubernium den Bericht erstatten, welches die Befugniß haben wird, bis auf die 600 Gulden gegen dem anzuweisen, daß über das Bewilligte eine genaue Rechnung abgefaßt werde. Alle, 600 Gulden übersteigende Ausgaben wird das königl. Gubernium der Höchsten Bewilligung unter= ziehen; damit aber Se. Majestät in die Kenntniß gesetzt werde, zu welchem Zweck und in welchem Kreis, sowohl vom königl. Gubernium, als auch vom Hrn. Comes der Nation zu vorerwähnten Ausgaben bewilliget worden, so wird das königl. Gubernium halbjährig von denen durch sich selbst und durch den Herrn Comes der Nation be= willigten Summen dem Allerhöchsten Hofe einen Aus= weis darüber einsenden, so wie Hochdaselbe auch über die zu unternehmenden neuen Bauführungen die Höchste Resolution, so wie bisher, erwirken wird.

3. Zur Beschleunigung des Rechnungswesens sowohl der Nation überhaupt, als auch der einzelnen Publicorum, haben es Se. Majestät für nothwendig be= funden, daß das Comitial=Revisorat, welches vermög

Höchster Verordnung vom 5. April 1792 dem Herrn Comes untergeordnet worden, abermalen seiner Aufsicht und Direktion untergeben sey und seinen bestimmten Sitz zu Hermannstadt, in der Mitte der Nation, habe. Die Individuen des Comitkal-Revisorats sollen auch in Zukunft durch das Gubernium ernannt werden. Das Comitial-Revisorat selbst hat sich nach der ihm ertheilten Instruktion auf das strengste zu verhalten, und die vollkommen instruirten Rechnungsverhandlungen zur Superrevision und zur Ertheilung des Absolutorii an die betreffende Rechnungsleger der Landes-Buchhalterey einzusenden.

4. Ehe und bevor die Rechnungen von den Allodial-Cassen, sowohl der einzelnen Communitäten, als auch des ganzen Stuhls, dem Comittal-Revisorat eingesendet werden, sind solche immer vorher, wenn es die Rechnungen einzelner Ortschaften betrifft, der Domestical-Censur der betreffenden städtischen Genanntschaften oder Dorfs-Altschaften, wenn es aber ganze Stuhls-Rechnungen betrifft, der Censur der betreffenden Stuhlsversammlungen zu unterziehen. Die den ganzen Stuhl oder Kreis betreffende Rechnungen werden mit Ende jeden Jahres, zufolge der bestehenden Höchsten Verordnungen, durch die Stuhlsversammlungen censurirt werden; bei welcher Gelegenheit das Augemerk vornämlich dahin zu richten ist, ob alle Einnahmen und Ausgaben in die Rechnung eingebracht, hinlänglich legitimirt und ausgewiesen worden. Nach vollbrachter Censur sind die Domestical-Rechnungen in den vorgeschriebenen Terminen dem Comittal-Revisorat unnachlässig einzusenden.

5. Ehe und bevor eine Wahl vorgenommen wird, muß vorläufig immer die Allodialcasse in völliger Richtigkeit und in vollkommener Evidenz sein, so daß der neugewählte Beamte bei dem Antritt seines Amtes alles in seiner Ordnung finde und keine Unrichtigkeiten und

Verwickelungen sich von den alten Beamten auf die neuen fortpflanzen. Hierauf wird in Städten der Magistrat und auf den Dörfern das Amt sein vorzügliches und strenges Augenmerk, unter seiner Verantwortlichkeit, richten.

6. Die Waldungen sind aus dem doppelten Gesichtspunkte, da ihr Produkt einestheils ein Hauptbedürfniß des Volkes ist, und als solches nicht genug geschont und in Ordnung gehalten und von den immer fühlbarer werdenden schädlichen Verwüstungen geschützt zu werden verdient; anderntheils auch bei einer guten Oekonomie ein beträchtlicher Zweig des Einkommens für die Allodialcassen werden kann, ein Hauptgegenstand, auf welchen sich, nach Sr. Majestät Allergnädigstem Willen, die Wirthschaftlichkeit der Publicorum zu erstrecken hat. In dieser Hinsicht befehlen Se. Majestät folgendes:

a) Damit die bestehende Waldordnung ehestens zum wirklichen Vollzug gelange und nach allen ihren Vorschriften genau beobachtet werden könne, so soll fürs Erste in den Städten durch den betreffenden Stadt- oder Stuhls-Ingenieur eine genaue Ausmessung und darnach eine Abzeichnung der betreffenden Stadtwaldungen vorgenommen werden. Wenn dieses geschehen ist, so wird es die Pflicht des Forstmeisters (dessen Anstellung als höchst nothwendig angesehen wird) sein, einverständlich mit dem Ingenieur, die vorberührtermassen ausgemessene Waldungen, in die durch die Waldordnung vorgeschriebene Schläge zu theilen, und hiernach diejenigen Schläge zu bestimmen, die zum Holzschlagen zu verwenden sind. Der übrige Theil der Waldung, welcher nicht schlagbar ist, muß verboten und vor Verwüstungen gesichert werden. Von dem jungen Nachwachs des Holzes aber muß das Vieh abgehalten werden, wozu denn die Waldschützen gehörig anzuweisen sind. Damit aber die Ausmessung der

Wälder und ihre Eintheilung in Schläge desto geschwinder beendiget werde, so hat der betreffende Magistrat über den Fortgang dieses ehestens zu beginnenden Werkes sowohl dem Herrn Comes der Nation, als auch dem Hochlöbl. königl. Gubernium von Zeit zu Zeit den Bericht zu erstatten.

b) In jenen Abtheilungen des Waldes, welche in jedem Jahr als schlagbar bestimmt werden, wird es auch Privaten erlaubt sein, gegen eine mäßige, für jede Klafter zu erlegende Taxe, jedoch unter der Bedingung Holz zu fällen, daß die vorberührte Taxe vorher an den Allodial-Perceptor erlegt, und die vom Perceptor erhaltene Anweisungs-Quittung, welche auch der erste Beamte zu unterfertigen hat, dem Forstmeister eingehändigt werde, welcher ihnen den Ort, wo das Holz gefällt werden kann, besonders anweisen; die ihm solchergestalt einzuhändigende Anweisungs-Quittungen oder Passierzettel aber sammeln und mit Ende eines jeden Jahres dem Communitäts-Orator in der Absicht, um davon bei Gelegenheit der Censur der Allodial-Rechnungen zur gehörigen Controlle den Gebrauch zu machen, übergeben wird.

c) Die Sammlung der vertrockneten Reiser oder des sogenannten Klaubholzes wird der ärmern Klasse zwar auch in Zukunft zu erlauben, jedoch darauf zu sorgen seyn, daß nicht unter dem Schein des Klaubholzes auch Aeste und Stämme umgehauen oder abgeschält werden. Die Inwohner der unterthänigen Ortschaften aber haben sich in Ansehung des Gebrauchs der herrschaftlichen Waldungen den bestehenden Urbarial-Anordnungen zu fügen.

d) Wenn einmal die betreffenden Stadtwaldungen gehörig in Ordnung gebracht worden, so ist die Fürsorge auch auf die Stuhls- oder Distrikts-Ortschaften auszudehnen. Diesemnach befehlen Se. Majestät, daß auch die Waldungen dieser Ortschaften durch den Ingenieur aufgenommen und mit Hülfe des Forstmeisters in Schläge abgetheilet und die betreffenden Dorfsvorsteher über die Art, wie die Waldungen gehörig zu erhalten seien, vollkommen unterrichtet werden. Diese Ausmessung der Waldungen wird vorzüglich in jenen freien Märkten und Ortschaften zuerst zu beginnen seyn, wo sich ein größerer Holzmangel äußert. Auch indessen aber, bis an eine formelle Eintheilung der Waldungen in Schläge Hand angelegt werden kann, wird es zu der Pflicht des betreffenden Forstmeisters gehören, die Ortseinwohner über die Art, wie sie sich bei einer guten Besorgung der Waldungen zu benehmen haben, gehörig zu unterrichten.

e) In denjenigen Stühlen, wo der Zustand der Allodialcassen die Anstellung eines eigenen Ingenieurs nicht gestattet hat, wo aber doch wenigstens ein mit dem benachbarten Stuhl gemeinschaftlicher Forstmeister begnehmiget ist, hat das betreffende Stuhlsamt darauf den Bedacht zu nehmen, daß fürs Erste bei der Communität des Prätorial-Marktes, dann nach und nach auch bei den übrigen Stuhls-Communitäten die Eintheilung der Waldungen in Schläge vorgenommen und dann wegen der nöthigen Sicherung der nicht schlagbaren Waldantheile die nöthigen Maßregeln festgesetzt werden, auf deren genaue Beobachtung eine jede Communität, um ihres eignen Vortheils wegen, Sorge tragen wird.

f) In so ferne es sowohl zum Vortheil der Allodial-Casse, als zum Besten des Publici gereichen kann, eine ordentliche Holz-Oekonomie und Magazin, aus welchem das Publikum um einen bestimmten Preis (dessen Ertrag der Allodial-Casse zu gut kommt) mit Holz versehen werden kann, zu errichten, gestatten Se. Majestät, daß in dergleichen Fällen, nebst Vorlegung eines detaillirten Planes und Kostenüberschlags die Allerhöchste Begnehmigung eingeholt werden könne.

7. In Ansehung der übrigen ökonomischen Verwaltung, der Verpachtung der Gemeingründe und Realitäten, der gehörigen Abfassung und Controllirung der Rechnung, bleiben die im Jahre 1795 und 1797 erflossenen Regulativ=Punkte in ihrer Kraft und dienen in vorkommenden Fällen zur Richtschnur. Gleichwie übrigens alle Aufschläge auf die Contribuenten durch vorhinnige Verordnungen bereits aufgehoben waren, so bleiben solche auch für die Zukunft auf das strengste verboten; so wie auch die einzelnen Gemeinde=Allodialcassen zur Stuhlscasse auch noch fernerhin eben so wenig, als bisher beitragen werden.

Vierter Abschnitt.

Den geistlichen Stand betreffend.

1. Da die willkührliche und uneingeschränkte Pfarrerswahl, die eine Zeit her bei den Augsburgischen Confessions=Verwandten auf dem königl. Boden eingeführt worden, zu mehreren gegründeten Klagen Anlaß gegeben hat, so haben Se. Majestät zur Vorbeugung der oft bemerkten Zwistigkeiten, so sich zwischen dem Clerus und den Gemeinden, zur großen Verunreinigung der Gemüther ergeben haben, für nothwendig befunden, die Pfarrerswahl auf den alten Gebrauch zurückzuführen und Allergnädigst zu befehlen, daß in dem Falle, wenn eine Pfarrei erledigt wird, von den Vorstehern der betreffenden Kirche Augsb. Conf. sechs Individuen candidirt werden, von welchen sich die betreffende Gemeinde denjenigen, zu wel=

chem sie die größte Neigung hat, frei zu erwählen befugt sein wird. In dergleichen Fällen aber wird die Höchste Confirmation, so wie bisher, einzuholen seyn.

2. Da die Dorfsgerichte, in so weit sie bisher ordentliche Prozesse verhandelt haben, und in so weit ihnen, nach den bisherigen Verordnungen auch geistliche Personen unterworfen waren, diese ihre Gerichtsbarkeit nunmehr verloren haben, so haben Se. Majestät zur Erhaltung des nöthigen Ansehens der Geistlichkeit und der gehörigen Aufsicht derer, die sich unter ihnen einander untergeordnet sind, Allergnädigst verordnet, daß die geistlichen Personen, welche Kraft der erhaltenen Ordination als solche anzusehen sind (zu welchen auch die Cantoren und Schulmeister, die zuweilen auch eine Antwartschaft auf die geistliche Ordination haben und geistliche Functionen verrichten, zu zählen sind) die Angelegenheiten, die pur geistlich sind, und in solchen Sachen, welche die Disciplin das ist: die Aufsicht über die Sitten, über einen ehrbaren Lebenswandel und die Abschaffung aller Ausschweifungen, als Trunk, Zänkerei und andere Aergernisse betreffen, mit ihren Weibern und denen im väterlichen Hause wohnenden Kindern, ihren geistlichen Vorgesetzten, nach Maßgabe des unter ihnen bestehenden geistlichen Canons unterwürfig und ihren Anordnungen und Correctionen Folge zu leisten verbunden sein sollen. In allen übrigen blos bürgerlichen Verhältnissen aber, wo sie als Besitzer einer Sache oder wegen Schulden, wegen Contracten und andern besondern Geschäften, wie auch eines Verbrechens wegen gerichtlich vorgefordert werden müssen, sollen sie der nämlichen Civil- und Criminal-Jurisdiction, welcher auch die übrigen Ortsinwohner unterliegen, künftig untergeordnet seyn. Unter den Schulmeistern und Cantoren aber sollen diejenigen, die keine Antwartschaft auf eine geistliche Ordination haben, folglich unter die Geistlichkeit selbst nicht gerechnet wer-

ben können, in kleinern Correctionsfällen von der Local-Obrigkeit, in Civil- oder Criminal-Prozessen aber von den ordentlichen Gerichten abhangen.

3. Aus mehreren wichtigen und erheblichen Gründen sind Se. Majestät zu verordnen bewogen worden, daß die geistliche Gerichtsbarkeit des Clerus der Augsb. Confessions-Verwandten in Fundo Regio in Absicht der Beurtheilung und Entscheidung der Matrimonial- und Ehescheidungs-Prozesse wieder hergestellt werde, und der mit dieser Gerichtsbarkeit versehene Clerus in so lange, bis nicht im ganzen Lande eine andere legale Vorsehung getroffen werden wird, in den gedachten Eheprozessen gerichtlich verfahren solle.

Fünfter Abschnitt.
Von der Central-Aufsicht und Activität des Comes Nationis.

1. Se. Majestät erklären das Amt eines Provinzial-Bürgermeisters, als in Hinkunft weniger nothwendig, auch fernerhin für aufgehoben, und vertrauen die Aufsicht der ganzen Nation überhaupt dem Herrn Comes der Nation an; indem die Benennung eines Hermannstädter Königsrichters schon durch die vorherigen Höchsten Resolutionen aufgehoben worden, auf welchem Se. Majestät ferner Allergnädigst beharren.

2. Zu der Central-Aufsicht und Direction des Herrn Comes der Nation wird es hauptsächlich gehören, auf den Vollzug der Höchsten Anordnungen in politischen, juridischen und ökonomischen Gegenständen zu wachen; die Restaurationen nach Maßgabe der bestehenden Anordnungen abzuhalten; die Magistratualen zur strengen Beobachtung der Verordnungen zu verhalten; die Magistratual- und Stuhlsamts-Protokolle zu revidiren; auf

die Mittel, wie die Einkünfte sowohl der National= als auch der besondern Stuhls= und Ortscassen einen Zuwachs erhalten könnten, bedacht zu seyn; der kostspieligen und unordentlichen Verwaltung der öffentlichen Einkünfte Einhalt zu thun, und auf alle Art und nach Kräften das allgemeine Beste zu befördern: zu welchem Ende er jährlich wenigstens ein Publicum, wo nämlich seine Gegenwart nothwendiger scheinen dürfte, bereisen und das Zweckmäßige verfügen wird.

3. In der vorberührten Absicht, um eine konzentrirte Aufsicht der Sächsischen Publicorum zu erhalten, befehlen Se. Majestät zugleich, daß die städtischen Magistrate und Stuhlsämter alle 15 Tage dem Herrn Comes der Nation über die von ihnen verhandelten Gegenstände das Protokoll einsenden sollen, damit er auf diese Art in den Stand gesetzt werde, über den Gang der öffentlichen Verwaltung vollständig zu urtheilen und die entdeckten Fehler ungesäumt zu verbessern.

4. Wegen der hiedurch vermehrten Geschäfte des Comitats geruhen Se. Majestät die Besoldung des Comittial=Sekretärs auf jährliche 300 Gulden zu erhöhen, und zugleich dem Herrn Comes der Nation noch einen Kanzellisten mit jährlich 150 Gulden zu bewilligen, den Lohn der beyden dem Herrn Comes beigegebenen Ueberreiter, mit Einschluß der Pferde=Portionen, statt der bisher genossenen 60 Gulden in 100, mit dem Beisatz zu bestimmen, daß die erwähnten Gehalte in einer Hälfte aus der Fogarascher, in der andern aber aus der Siebenrichter=Casse bezahlt werden mögen.

5. In Anbetracht des dermaligen Standes der Nationalcassen und der dießfalls gemachten Vorstellungen, haben Se. Majestät Allergnädigst beschlossen, daß die dem Herrn Comes der Nation aus seinem vorgenossenen Sallario bezogene 1500 Gulden für das verflossene vergütet, für die Zukunft aber, in Anbetracht

dessen, weil ihm die schwere Pflicht aufliegt, die Sächsischen Publica zu bereisen, richtig bezahlt werden.

6. Zur Erzielung einer schleunigen Justizverwaltung verleihen Se. Majestät dem Herrn Comes der Nation die Befugniß, daß er nach Beschaffenheit der Umstände die Sächsische Nations=Universität, außer dem Catharinal=Conflur, auch im Monat Mai zusammenberufen und einen National=Conflur abhalten könne.

Uebrigens verbleiben die im Jahre 1795 und 1797 herausgegebenen Regulativ=Punkte, in so weit sie durch gegenwärtige Allerhöchste Resolution keine Abänderung gelitten haben, in ihrer Kraft.

Dieß sind diejenigen allgemeinen Regulativ=Punkte, welche Se. Majestät bei der sächsischen Nation im Ganzen beobachtet wissen wollen. Die speziellen Allerhöchsten Verfügungen, welche die Regulation der einzelnen Publicorum betreffen, werden einem jeden derselben besonders bekannt gemacht werden. Gleichwie sich die löbl. Nations=Universität aus dem Inhalte dieser allgemeinen Regulations=Punkte überzeugen wird, daß die Allerhöchste Landesväterliche Absicht auf das Beste der Nation im Ganzen und in ihren Theilen gerichtet ist, so versehen sich Se. Majestät, daß es dieser löbl. Nations=Universität ihrerseits, so wie den einzelnen Publicis andererseits nie an pflichtmäßigem Eifer und Bestreben ermangeln wird die wohlthätigen Folgen dieser Regulation durch die pünktlichste Beobachtung der Allerhöchsten Vorschriften fortdauernd zu machen und sich durch biedere Erfüllung ihrer Pflichten der ferneren Landesväterlichen Huld und Gnade zu versichern.

Auszug

aus den Regulativ-Punkten des Jahres 1805 für die Ortschaften der Stühle und Distrikte.

Erster Abschnitt.

Von den Wahlen, dann von den Verrichtungen des Amtes und der Altschaft.

1. Weil die zwey ersten Stuhls-Beamten (nämlich im Hermannstädter Stuhle der Bürgermeister und der Stuhlsrichter) die Aufsicht über den ganzen Stuhl, folglich auch über alle in dem Stuhl befindliche Gemeinden führen, so wollen Se. Majestät, daß auch in Zukunft nebst der städtischen Genanntschaft oder Hundertmannschaft auch die Deputirten der Stuhls-Gemeinden an deren Wahl Antheil nehmen. Es werden also zu solchen Wahlen aus den Stuhls-Ortschaften eben so viele Deputirte, als bisher erscheinen, dann wird die städtische Genanntschaft aus ihrem Mittel eben so viele Mitglieder auswählen, als die Zahl der Stuhls-Deputirten ist. In dieser Vereinigung der städtischen Communitätsglieder mit den Deputirten des Stuhls wird die Wahl der besagten ersten Beamten vorgenommen werden. Die übrigen Glieder der städtischen Magistrate hat die städtische Genanntschaft für sich allein, ohne Einfluß der Dorfs-Deputirten zu wählen. Auf den Dörfern aber werden die Vorsteher der Gemeinde durch die Ortschaften bloß für sich allein nach der Art, wie es weiter unten gesagt werden wird, gewählt werden.

2. Weil die Aemter bisher durch die zu oft wiederholten Wahlen unbeständig waren, so befehlen Se. Ma-

jestät, daß so wie der Bürgermeister und der Stuhls=
richter in der Stadt und die Ober=Beamten in den
Stühlen nur nach zwei Jahren neu gewählt werden,
ebenso auch in den Dorfs=Gemeinden die Hannen und
Wortmänner künftighin nur alle zwei Jahre neu gewählt
werden sollen. Blos in dem Falle, wenn ein Hann oder
Wortmann vor dem zweiten Jahre mit Tod abging oder
aus hinlänglichen Gründen seinen Dienst aufgäbe oder
aus wichtigen Ursachen von seinem Dienste entfernt
werden müßte, wird die Wahl eines andern in die Stelle
dessen, der vom Dienste abgeht oder entfernt wird, vor=
zunehmen sein. Die Wahl dieser Dorfs=Vorsteher soll
an denjenigen Orten, wo die Altschaft aus mehr als 12
Mitgliedern bestehet, von der Altschaft selbst, da aber,
wo nicht mehr als 12 oder auch weniger in der Alt=
schaft sind, mit Zuziehung eines jeden Hausvaters voll=
zogen werden. Die Vorsteher der Gemeinde bestehen aus
dem Amt und der Altschaft; das Amt wird bestehen
aus dem Hannen und wenigstens 4 Geschwornen, die
Altschaft aber aus dem Wortmann und aus einer vor
jede Gemeinde angemessenen Zahl von Altschaftsmännern.
Der Hann und Wortmann wird vorberichtetermaßen alle
zwei Jahre gewählt. Se. Majestät befehlen, daß die
einmal gewählten Dorfsgeschwornen in Zukunft bestän=
dig im Dienste verbleiben sollen, und daß nur in Fällen,
wenn einer von ihnen stirbt, oder vom Amte entfernt
werden muß, oder Alters und Kränklichkeit halber in die
Altschaft zurücktritt, ein neuer Geschworner gewählt wer=
den soll; die Zahl der Geschwornen muß wenigstens in
4 bestehen; dem einen derselben liegt die Eintreibung
der Steuern ob; die Steuergelder selbst aber müssen bei
dem Hannen, so wie bisher, aufbewahrt und von dem=
selben dem Perceptor eingeliefert werden; der andere
führt die Rechnungen über die Gemeinde=Einkünfte; der
dritte besorgt die Theilungen und ist auch Waisenvater;

der vierte muß dem Hannen in seinem Dienste an die Hand gehen. Der Hann mit den Geschwornen macht das Amt aus; die Pflicht des Amtes besteht darin, die höheren Verordnungen in Vollzug zu bringen, und für die gute Ordnung in allen Stücken zu wachen. In die Verrichtungen des Amtes hat die Altschaft keinen Einfluß, sondern das Amt macht für sich allein die Orts-Obrigkeit aus. Die Altschaft auf der andern Seite führt unter der Leitung des Gemeinde-Wortmannes die Aufsicht auf die Gemeinde-Wirthschaft, und prüfet sowohl die Gemeinde- als auch die vormundschaftlichen Rechnungen, und übt auch die übrigen ihr nach den Regulativ-Punkten zustehenden Pflichten aus. Diejenigen Inwohner, welche aber weder im Amte, noch in der Altschaft sind, haben sich weder in die Verrichtungen des Amtes, noch der Altschaft zu mischen. Damit auch auf dem Lande die Geschäfte ordentlich abgehandelt werden, so ist es Sr. Majestät gnädiger Wille, daß diejenigen Ortschaften, welche mit hinlänglichem Fond versehen sind, sich einen eigenen Notarius aufnehmen, der die Protokolle des Amtes und der Altschaft führe, auch in den vorkommenden Geschäften dem Amte an der Hand sey, insbesondere auch bei Waisen-Verrechnungen und Theilungen sich brauchen lasse. Wo aber eine Gemeinde nicht so viel Vermögen hat, um sich einen eigenen Notarius aufzunehmen, da sollen mehrere Gemeinden zusammenstehen und einen gemeinschaftlichen Notarius aufnehmen, der sich zu bestimmten Zeiten von einer Gemeinde zur andern begäbe und seine Geschäfte nach der Reihe verrichte; zur Bezahlung eines solchen Notarius soll jede dieser Gemeinden verhältnißmäßig beitragen.

3. Nach Sr. Majestät allerhöchsten Befehl soll auch die einmal gewählte Altschaft beständig bleiben, und die in der Altschaft entweder durch den Tod oder die bemüßigte Entfernung eines und des andern entstandene

Erledigung soll zu der nämlichen Zeit, wenn die Wahl des Hannen und des Gemeinde=Vormunds vor sich gehet, ersetzt werden. In einer jeden solchen erledigten Stelle hat der Hann mit den Geschwornen oder das Amt die von ihrer Rechtschaffenheit bekannten Männer vorzuschlagen, von denen die Altschaft sich einen wählen kann.

4. Der Hann mit den Geschwornen und die Altschaftsmänner müssen zur Behauptung des nöthigen Ansehens unter ihren Mit=Inwohnern an Erfüllung ihrer Pflichten nichts ermangeln lassen und mit gutem Beispiele, mit Rechtschaffenheit und einem unsträflichen Lebenswandel andern vorgehen.

5. Die Oberaufsicht über den Stuhl kömmt zwar Kraft seines Amtes dem Bürgermeister als ersten Stuhlsbeamten zu. Da aber derselbe seiner vielfältigen Geschäfte wegen auf längere Zeit selten aus der Stadt abkommen kann, so haben Se. Majestät, um den an vielen Orten wahrgenommenen Unordnungen vorzubeugen und versichert zu seyn, daß die hohen obrigkeitlichen Befehle und Anordnungen überall gehörig in Vollzug kommen, allerhöchst verordnet, daß zur Aufsicht über die Stuhls=Ortschaften aus dem Mittel des städtischen Magistrats ordentliche, durch den Herrn Comes zu ernennende Inspectoren, sowie es auch vormals war, aufgestellt werden sollen, welche darauf zu wachen haben, daß die höhern Verordnungen und Befehle zum schleunigen Vollzug gelangen, die öffentliche Sicherheit und gute Ordnung erhalten, alle Excesse und Gewaltthätigkeiten verhütet, die gemeinen Lasten verhältnißmäßig und ohne jemandes Bebürdung aufgetheilt, die Waldordnung gehörig beobachtet und für die Erziehung der Jugend gesorgt werde. Diese Inspectoren sollen auch der Prüfung der Gemeinde=Rechnungen und der Wahl des Hannen und des Wortmannes beiwohnen.

6. Damit die Leute nicht zu sehr von der Arbeit und vom Erwerb abgehalten werden, so verordnen Se. Majestät, daß die Stuhls-Versammlungen nicht mehr als zweimal im Jahre abgehalten und diese Stuhls-Versammlungen sich mit nichts anderm beschäftigen sollen, als mit der Censur der Stuhls-Rechnungen, mit Vertheilung der gemeinen Lasten und mit Verhandlungen wirthschaftlicher Gegenstände, mit der Wahl der ersten Stuhls-Beamten, Berathschlagung über den Weg- und Brückenbau und andern ähnlichen gemeinschaftlichen Gegenständen. Zu solchen Stuhls-Versammlungen, welche nicht der Wahl wegen gehalten werden, hat die Stadt 6 Deputirte, jede Stuhls-Ortschaft aber 2 abzuschicken.

7. Damit auch auf den Dörfern die Geschäfte ordentlich verhandelt werden, so haben Se. Majestät die vorzüglichen Pflichten des Amtes in Folgendem allerhöchst verordnet:

a) Der Hann hat die von der Obrigkeit erhaltenen Befehle alsogleich den Geschwornen mitzutheilen und sich mit ihnen über die Art, wie die Sache am besten ausgeführt werden kann, zu berathschlagen, was zur allgemeinen Wissenschaft gelangen muß, gewöhnlichermassen kund zu machen, und was auszuführen ist, mit Hülfe der Geschwornen zu bewerkstelligen. Diejenigen hohen Verordnungen, welche das Gemeindegut und die Gemeinde-Wirthschaft angehen, hat der Hann alsogleich der Altschaft mitzutheilen, damit sie davon ein Wissen habe und sich darnach richten könne. Alle von höhern Behörden erhaltenen Verordnungen sind mit beigefügter kurzer Bemerkung: wie und wann sie zum Vollzug gekommen, durch den Notarius in das Amts-Protokoll einzutragen.

b) Die Verordnungen, welche vom Stuhlsamt in Polizei- und Sanitäts-Gegenständen erlassen werden, hat das Amt sowohl selbst zu beobachten, als auch durch andere beobachten zu lassen; die Widerspenstigen, welche den Gehorsam versagen, nach Beschaffenheit der Umstände, entweder selbst zum Gehorsam zu zwingen oder dem Stuhlsamt zur Verhängung der nöthigen Strafe anzuzeigen.

c) Das Amt muß darauf sorgen, daß die Jugend in Zucht und guter Ordnung erhalten werde, und im Einvernehmen mit dem Ortspfarrer den Bedacht dahin nehmen, daß die Kinder die Schule fleißig besuchen, in der Schule aber zur Religion und einem guten Lebenswandel angehalten werden, damit sie von Jugend an sich guter Sitten befleißigen.

d) Im Falle, daß eine gefährliche Krankheit sich äußern sollte, hat das Amt dem Distriktsarzt oder Physikus alsogleich davon Nachricht zu geben.

e) Auf die Erhaltung der öffentlichen Gebäude, der Gemeinde-Waldung und Feuerlöschwerkzeuge, wie auch auf die Verbesserung der Wege und Brücken hat das Amt sein vorzüglichstes Augenmerk zu richten.

f) Obgleich in Ansehung der Waisen-Besorgung ein eigener Geschworner angeordnet ist, so hat jedoch auch das Amt seine Sorge hierauf zu verwenden.

8. Derjenige Geschworne, welcher die Theilungen besorget, hat auf die Waisen sein besonderes Augenmerk zu richten und darauf zu sehen, daß da, wo keine Vormünder sind, solche mit Vorwissen und Einstimmung des Amtes bestellet werden, die bestellten Vormünder aber ihre Pflichten erfüllen und der Altschaft die Rechnungen über das ihrer Sorge anvertraute Waisengut ablegen und für gute Erziehung der Waisenkinder bedacht seyn.

9. Da es des Amtes, welches aus dem Hannen und den Geschwornen besteht, Hauptaugenmerk sein muß, auf die Sicherheit des Ortes, wie auch auf gute Zucht und Ordnung zu halten, so hat sich dasselbe in Absicht

auf diesen Gegenstand nach den bestehenden Weisungen und Anordnungen zu halten.

10. Wenn es nöthig ist, haben die Stuhls-Inspektoren auch bei der Verpachtung der öffentlichen Realitäten der Gemeinden gegenwärtig zu seyn, so wie auch, wenn es nöthig seyn sollte, der betreffende Stuhls-Perceptor bei der Censur der Allodial-Rechnungen verwendet werden kann. Die Aufsicht über die der Gemeinde gehörigen Gebäude hat der Gemeinde-Wortmann zu führen, der betreffende Inspektor wird bei Gelegenheit seiner Bereisung Acht haben, daß der Wortmann dieser seiner Schuldigkeit nachkomme.

11. Se. Majestät befehlen, daß die Stuhls-Ortschaften zu den Wegen, welche in die Stadt führen und welche die Ortschafts-Inwohner, wenn sie mit ihren Sachen zu Markte fahren, für sich selbst benützen, die benöthigten Handarbeiten und Fuhren stellen sollen. Der Magistrat wird darauf sehen, daß eine jede Gemeinde nach Verhältniß ihrer Kräfte dazu beitrage, und daß sie zu solchen Zeiten verschont werde, wenn die Leute mit ihrer Feldwirthschaft beschäftigt sind.

12. Insoferne es mehreren Gemeinden daran gelegen seyn muß, sich mit Pferden von größerem Schlage zu versehen, wolle Se. Majestät allergnädigst gestatten, daß nach Maßgabe der Kräfte der Gemeindecassen, um die Bewilligung der zur Anschaffung eines guten Beschällers nöthigen Kosten durch den Magistrat eingeschritten werden könne.

Zweiter Abschnitt.

Ueber das Gerichtswesen.

1. Se. Majestät wollen zwar, daß die Dorfsämter oder Dorfsgerichte auch ferner die Befugniß behalten, die unter den Dorfs-Inwohnern entstehenden Streitig-

keiten beyzulegen und auf das bestmöglichste zu schlichten; weil aber Se. Majestät wahrgenommen haben, daß dadurch, wenn die Partheyen vor den Dorfsgerichten ordentliche Prozesse führen, viele große Mißbräuche entstanden sind, indem es sich gezeigt hat, daß die Dorfsgerichte sehr oft die Sache nicht verstanden und dadurch den Partheyen Schaden und vergebliche Unkosten gemacht haben, und weil die meisten Stuhls-Communitäten Se. Majestät selbst gebeten haben, daß ihnen diese Last abgenommen werde, so befehlen Se. Majestät, daß, wenn künftighin solche Streitigkeiten zwischen den Dorfs-Inwohnern vorkommen, welche durch das Dorfsgericht nicht beygelegt werden können, und wo es zwischen der Parthey zu einem Prozeß kömmt, dergleichen Prozesse nicht mehr vor dem Dorfsgerichte, sondern vor dem Stuhlsrichter, so wie es auch vorhin war, vorkommen und durch denselben entschieden werden sollen. Die Dorfsgerichte sollen die vor sie gebrachten mündlichen Klagen in Sachen von nicht so großer Wichtigkeit immer anhören und durch ihren Ausspruch die Partheyen zu vergleichen und ihre Zwistigkeiten zu schlichten trachten. Wenn aber die Partheyen damit nicht zufrieden sind, sondern die Sache wollen zum Prozeß kommen lassen, so stehet es ihnen frey, alsdann sich an den Stuhlsrichter zu wenden, so wie es auch in den Statuten im 1-ten Buche, im 2-ten Titel, §. 6, geschrieben stehet. Die Dorfsgemeinden und alle Dorfs-Inwohner werden diese gnädige Anordnung Se. Majestät um so mehr dankbar anerkennen, da sie selbsten einsehen müssen, daß man, um wichtige Prozesse zu entscheiden, die Gesetze und das gerichtliche Verfahren kennen und viele Erfahrungen haben muß, und daß solchen Leuten, welche Wirthschaft treiben und mit Feldarbeiten beschäftigt sind, wie die Dorfsrichter, die Entscheidung langwieriger Prozesse viele Zeit wegnimmt, sehr beschwerlich und oft unmöglich ist.

Regulativ-Punkte. 71

2. Weil Sr. Majestät allerhöchster Wille ist, daß die Partheyen nur alsdann Gerichtstaxen zahlen sollen, wann sie vor dem Stuhlsrichter, vor dem Magistrat und so weiter einen förmlichen Prozeß mit einander führen und den Dorfsgerichten die bisherige Last, sich mit weitläufigen Prozessen und mit langwierigen Schreibereien abzugeben, für die Zukunft abgenommen worden, so werden die Partheyen in Hinkunft vor dem Dorfsgerichte auch keine Taxen oder Sporteln, sondern nur alsdann Gerichtstaxen zu bezahlen haben, wann sie vor dem Stuhlsrichter und andern höhern Gerichten förmliche Prozesse führen.

3. Auf die Theilungen in den Dörfern muß einer der Geschwornen, der nämliche, welcher auch Waisenvater ist, die Aufsicht haben; er soll bei den Theilungen, besonders da, wo es unmündige Kinder gibt, gegenwärtig sein, und mit Hülfe eines Altschaftsmannes und des Notarius die Theilungen ordentlich vornehmen und darauf sorgen, daß niemand verkürzet werde, sondern den ihm gebührenden Antheil richtig erhalte. Der Notarius muß ihn bei solchen Theilungen in ein Register oder Protokoll aufschreiben, wie getheilet worden ist und wie viel ein jeder Erbe erhalten hat, damit die Partheyen, wenn es nöthig ist und unter der einen oder der andern ein Zweifel entsteht, aus diesem Protokoll sich Raths erholen können. Diese Vormerkungen oder Theilungs-Protokolle sind alljährlich dem Amte zur Aufbewahrung zu übergeben, damit sie nicht verloren gehen. Der Inspektor, wenn er ins Ort kömmt, wird sich diese Protokolle vorlegen lassen und darin nachsehen, ob der Geschworne und Notarius seine Schuldigkeit gethan hat, und alles ordentlich angemerkt ist? Da der Geschworne, welcher die Aufsicht über die Theilungen führt, zugleich Waisenvater ist, so hat derselbe, wenn bei Theilungen auch Waisen vorkommen, den Antheil eines jeden Waisen besonders

vormerken zu laſſen und dasjenige zu beobachten, was oben für den Waiſenvater vorgeſchrieben iſt. Wenn bei Theilungen Streitigkeiten entſtehen, welche durch die Theilmänner und das Amt nicht ausgeglichen und geſchlichtet werden können und die Sache zu einem ordentlichen Prozeſſe kommen muß, ſo haben die Partheyen dieſerwegen die richterliche Abhülfe bei dem Stuhlsrichter zu ſuchen.

4. Wenn die Partheyen, welche Prozeß führen und ihre Sache bei dem Stuhlsrichter abgehandelt haben, mit dem Spruch des Stuhls-Richters nicht zufrieden ſind, ſo ſteht ihnen die Appellation an den Magiſtrat und von da an die Nations-Univerſität frey, ſo wie es ohnehin gebräuchlich geweſen iſt.

Dritter Abſchnitt.
Von der gemeinen Wirthſchaft und Rechnung.

1. In Abſicht auf die Einbringung und Verwaltung der Einkünfte, welche in die Gemeindecaſſe einfließen, wollen Se. Majeſtät, daß es bey der bisherigen Ordnung auch fernerhin verbleibe, gleichwie demnach bisher gewöhnlich war, alle Jahr einen Ausweis von dem, was in die Gemeindecaſſe auf das künftige Jahr einzunehmen hat, und wozu dieſe Einkünfte zu verwenden ſind, dem Magiſtrat in der Abſicht einzureichen, damit derſelbe ſolchen durch das königl. Gubernium dem Allerhöchſten Hof vorlege, ſo ſoll dieſer Ausweis oder ſogenanntes Präliminarſyſtem auch künftighin in der nämlichen Abſicht zu der feſtgeſetzten Zeit von jeder Gemeinde dem Magiſtrat eingeſendet werden.

2. Wenn es ſich um Verbeſſerung des Weges, der Brücken und der Gemeindehäuſer handelt, ſo muß die Gemeinde auch fernerhin wegen Bewilligung der nöthigen Koſten immer durch den Magiſtrat einkommen;

der Magistrat wird sich dieserwegen nach Beschaffenheit der Umstände entweder an den Herrn Comes oder an das königl. Gubernium wenden.

3. Ehe und bevor die Rechnung der einzelnen Gemeinden durch den Magistrat an das Comitial-Revisorat eingesendet werden, sind selbe, so wie bisher, in der Gemeinde selbst vorläufig zu prüfen; diese Prüfung der Rechnungen aber hat nicht, wie bisher in einigen Ortschaften die Gewohnheit gewesen ist, durch die ganze versammelte Gemeinde zu geschehen, weil die Erfahrung gelehret hat, daß die Prüfungen der Rechnungen nicht so ordentlich vor sich gehen, wenn so viele dazu zu reden haben, und weil nicht alle Dorfs-Inwohner die nöthige Kenntniß und Aufmerksamkeit haben, welche zu einer solchen Prüfung nöthig ist. Vielmehr befehlen Seine Majestät, daß in Hinkunft diese Prüfung durch den Gemeinde-Vormund und die Altschaft bey deren Mitgliedern die beste Kenntniß der gemeinen Einkünfte und Ausgaben vorauszusetzen ist, vorgenommen und die solchergestalt geprüfte Rechnung in den bisher vorgeschriebenen Terminen durch den Magistrat an das Comitial-Revisorat eingesendet werde.

4. Ehe und bevor eine neue Wahl vorgenommen wird, muß die Gemeindecasse in voller Klarheit und Richtigkeit sein, damit die eintretenden Beamten alles in der besten Ordnung finden und keine Unrichtigkeiten von einer Amtirung auf die andere sich fortpflanzen. Auf dieses hat das Amt bei einer jedesmaligen Wahl unter eigener Verantwortlichkeit zu sorgen.

5. Nach der väterlichen Sorgfalt, womit Seine Majestät einer jeden einzelnen Gemeinde zugethan und für ihr Bestes bedacht sind, erinnern Allerhöchst Dieselben eine jede Gemeinde, um ihres eigenen Vortheils willen ernstlichst und nachdrücklichst, ihre Waldungen besser als bisher geschehen ist, in Acht zu nehmen. Und

da Se. Majestät eben deswegen, damit in Ansehung der Wäldungen und ihrer minder schädlichen Benützungsart überall eine gute Ordnung eingeführt werde, die Anstellung eines eigenen Waldmeisters in der Stadt bewilligt haben, so haben die Gemeinden, wenn ein solcher Waldmeister einmal angestellt ist, auch indessen, bis ihre Waldungen gehörig gemessen und eingetheilt werden können, sich bei ihm Raths zu erholen, auf welche Art sie ihre Wäldungen am besten und auf die unschädlichste Art so benützen könnten, daß die Gemeinde nie in Gefahr komme, durch eine unüberlegte Aushauung derselben und durch unzeitige Vertilgung des Nachwuchses in einen drückenden Holzmangel zu gerathen. Und da es zur Schonung der Waldungen sehr viel beiträgt, wenn das zur Beheizung der Zimmer im Winter nöthige Holz so sparsam als möglich angewendet wird, hiezu aber nichts mehr als eine solche Einrichtung der Stubenöfen beitragen kann, welche zur Beheizung weniger Holz fordern, als bisher verzehrt wurde, so sollen die Ortschafts-Inwohner darauf bedacht sein, sich sowohl um ihres eigenen, als der Gemeinde Besten Willen zur Schonung der Gemeinde-Waldungen wirthschaftliche Oefen, so wie solche in andern Gegenden, wo weniger Holz ist, gebräuchlich sind, mit nach und nach anzuschaffen.

6. In Absicht der Verpachtung der Gemeinde-Realitäten und der Verwaltung und gehöriger Aufsicht der Gemeindecassen sind die in den Regulativ-Punkten vom Jahr 1795 und 1797 enthaltenen Vorschriften auch fernerhin zu beobachten. Gleichwie übrigens alle Aufschläge auf die Contribuenten durch vorhinnige Allerhöchste Verordnungen bereits aufgehoben worden sind, so bleiben solche auch für die Zukunft verboten. So wenig demnach die Gemeinden auch in Hinkunft irgend einen Aufschlag zu bezahlen haben werden, eben so wenig werden dieselben auch hinfüro etwas aus ihren Gemeindecassen

an die Stadt- oder Stuhlcasse verabreichen, sondern es bleibt hierinnen alles auf demjenigen Fuß, auf welchem es jetzt stehet.

Vierter Abschnitt.
Den geistlichen Stand betreffend.

1. Die eine zeitlang gewesene uneingeschränkte Pfarrerswahl auf den Dorfs=Gemeinden, da nämlich den Gemeinden niemand in die Wahl gegeben wurde, sondern sie sich blos willkührlich die geistlichen Vorsteher erwählten, hat zu mehreren gegründeten Beschwerden Anlaß gegeben. Es sind dadurch zwischen der Geistlichkeit und den Gemeinden schädliche Zwistigkeiten entstanden; daher sind Se. Majestät bewogen worden allerhöchst zu befehlen, daß die Gemeinden aus der Zahl derjenigen 6 Individuen, welche ihnen durch die Vorsteher der Kirchen in die Wahl gegeben werden sollen, sich ihren Pfarrer erwählen sollen.

2. Da die Dorfsgerichte hinfüro von der Last, ordentliche Prozesse zu verhandeln, enthoben sind, so wird auch nach Er. Majestät allerhöchsten Befehlen die Geistlichkeit in Prozeßsachen nicht mehr unter dem Dorfsgerichte stehen. In allen Sachen, welche die Sittlichkeit und einen ehrbaren Lebenswandel betreffen, werden die Geistlichen (wohin auch die Cantoren und Schulmeister, welche zuweilen zu geistlichen Verrichtungen verwendet werden, gehören) unter ihren geistlichen Vorgesetzten stehen und den Anordnungen und Zurechtweisungen derselben strenge Folge zu leisten verbunden sein. In Streitigkeiten über Eigenthum aber oder wegen Schulden, Contracten u. s. w., werden die Geistlichen unter dem Stuhlsrichter und Magistrate stehen. Wenn übrigens wo solche Cantoren und Schulmeister wären, welche keine geistliche Kleidung tragen und zu keiner geistlichen Ver-

richtung verwendet werden, da stehen solche in Fällen, wo sie wegen mindern Vergehungen zurecht gewiesen werden müssen, unter der Dorfsobrigkeit, in Prozeßfällen aber unter dem Stuhlsrichter und Magistrate.

3. Se. Majestät haben wegen der vielen schädlichen Mißbräuche, welche sich seitdem die Ehescheidungen von den Dorfsgerichten verhandelt worden, ergeben haben, für nothwendig befunden, daß hinführo die Ehe=Prozesse und Ehe=Scheidungen wiederum, so wie es vorher üblich war, vor den geistlichen Gerichten vorkommen sollen, wie solches bereits auch schon eingeführt worden ist.

Inhalt.

Regulativ-Punkte vom 22. Juni 1795.

	Seite
1. Einleitung	3
2. Zusammensetzung der Communität	4
3. Aufgabe des Gemeinde-Vormundes	4
4. Pflichten der Communität	6
5. Wirkungskreis der Communität	6
6. Einberufung der Communität	8
7. Communitäts-Ausschuß	8
8. Wirkungskreis der Ausschußmänner	9
9. Geschäftsbehandlung in der Communität	9
10. Meinungs-Differenzen zwischen dem Magistrat und der Communität	11
11. Entscheidung des Comes über solche Differenzen und Recurs dagegen	12
12. Wirksamkeit der Beamten des Magistrats	12
13. Geschäftsführung des Magistrates	13

Zweite Abtheilung. — Regulativ-Punkte vom 22. September 1797.

1. Ergänzung der Communitäten	14
2. Instruktion für die Deputirten zur Nationsversammlung	15
3. Wahl der Magistratsbeamten	16
4. Vermeidung der Anstellung von Verwandten	17
5. Rechnungslegung der Beamten	18
6. Erledigung der Rechnungsmängel	18
7. Kassa-Visitationen	19
8. Ersatz der Zahlungs-Rückstände durch die Beamten	19
9. Genehmigung der Ausgaben	19
10. Mittheilung der Ausgabs-Verordnungen an die Communität	20
11. Vorschrift für Verpachtungen	20
12. Vormerkung und Ausweis über die Pachtcontrakte	22
13. Einfluß der Communität auf die Verwaltung des Schul- und Kirchen-Vermögens	23
14. Bekanntmachung der Regulativ-Punkte	23
15. Verantwortlichkeit des Gemeinde-Vormundes	24

Regulativ-Punkte über die Besorgung der öffentlichen Verwaltung der Stühle und Distrikte vom 22. September 1797.

	Seite
1. Beamte der Stuhlsortschaften	25
2. Art der Verwaltung der Landgemeinden	25
3. Behandlung der den ganzen Stuhl oder Distrikt betreffenden Gegenstände	25
4. Vorgang bei solchen Verhandlungen	26
5. Verwaltung des Vermögens der Landgemeinden	26
6. Wahl der Stuhls- und Distriktsbeamten	27
7. Rechnungslegung der Landgemeinden	28
8. Auftheilung der öffentlichen Lasten	28
9. Verlautbarung der Verordnungen	29
10. Abrechnung über die öffentlichen Lasten	29
11. Ausmaß und Abfuhr der Steuern	29

Allgemeine Regulativ-Punkte vom Jahre 1804.

a) Von der öffentlichen Verwaltung.

1. Mitwirkung der Landgemeinden bei der Wahl der Oberbeamten	30
2. Zweijährige Beamtenwahlen und Stabilität der Beamten	31
3. Wahl der Beamten in den Märkten und Dörfern und Obliegenheiten derselben	32
4. Stabilisirung der Communitäten und Altschaften in den Stadt- und Landgemeinden	34
5. Vorgang bei Besetzung der Beamtenstellen	34
6. Besetzung der Stellen des Notärs, Fiscals, Allobialperceptors, Secretärs und anderer Magistratsbeamte	36
7. Allgemeine Pflichten der Beamten	36
8. Inspection durch den Comes	36
9. Vermeidung des Nepotismus	36
10. Inspectoren der Landgemeinden	37
11. Instruction für die Landtags- und Conflurdeputirten	38
12. Stuhls- und Distriktsversammlungen	38
13. Ueberwachung des Vollzuges der Verordnungen	39
14. Beaufsichtigung der Beamten	40
15. Pupillar-Verwaltung	40
16. Polizei-Verwaltung	41

	Seite
17. Fleisch- und Gebäcklimitation und Markt-Polizei	42
18. Weg- und Brückenbau	42
19. Beaufsichtigung der Subalternbeamten	42
20. Verhandlungsprotokolle und Separatvotum	43
21. Beaufsichtigung der Handwerker und Zünfte	43
22. Bauordnung	43
23. Geschäftsordnung für die Markt- und Dorfsämter	44
24. Wirksamkeit der Stuhls- und Distrikts-Inspektoren	45
25. Gesundheitspolizei	46
26. Feuerlösch-Ordnung	46
27. Straßenbau-Concurrenz	46
28. Pferde-Veredlung	47

b) Gerichts-Verwaltung.

1. Wirkungskreis der Dorfsgerichte und des Stuhls- (Distrikts-) Gerichtes	47
2. Gerichtstaxen und Diurnen	48
3. Apellation an den Magistrat und das Offiziolat	48
4. Ausweis der Prozesse, Gerichtsverfahren	49
5. Protokolle über Gerichtsverhandlungen	49
6. Obliegenheiten des Fiskals	50
7. Bestimmungen über die Gefangenen	50
8. Theilungen in den Städten	50

c. Wirthschafts- und Rechnungswesen der Nation und der Publica.

1. Präliminarsystem wird eingeführt	52
2. Straßenbau-Auslagen	53
3. Das Comitial-Revisorat	53
4. Vorprüfungen der Ortschafts- und Stuhlsrechnungen	54
5. Rechnungsabschluß vor den Neuwahlen	54
6. Forstwirthschafts-Ordnung	55
7. Die Vorschriften über die ökonomische Verwaltung und das Rechnungswesen aus den ältern Regulativ-Punkten werden aufrecht erhalten	58

d) Den geistlichen Stand betreffende Vorschriften.

1. Candidation bei der Pfarrerswahl	58
2. Gerichtsstand der Geistlichkeit	59
3. Geistliche Gerichtsbarkeit	60

e) Central-Aufsicht des Comes.

1. Benennung des Comes	60
2. Central-Aufsicht des Comes	60

	Seite
3. Einsendung der Protokolle der Magistrate und Stuhlsämter	61
4. Besoldung des Comitial-Secretärs, Kanzlisten und Ueberreiters	61
5. Salarium des Comes	61
6. Einberufung der Universität in Justizsachen .	62

Regulativ-Punkte des J. 1805 für die Ortschaften der Stühle und Distrikte.

a) Allgemeine Verwaltung.

1. Wahl der Beamten . . .	63
2. Stellung und Verpflichtung der Ortsbeamten .	63
3. Stabilität und Ergänzung der Altschaft . .	65
4. Allgemeine Pflichten der Dorfsbeamten .	66
5. Oberaufsicht über den Stuhl (Inspectoren) .	66
6. Stuhlsversammlungen zweimal jährlich abzuhalten	67
7. Geschäftsführung des Dorfsamtes . .	67
8. Theilungs- und Pupillar-Angelegenheiten auf dem Lande	68
9. Ortspolizei auf dem Lande . . .	68
10. Verwaltung der Realitäten . . .	69
11. Straßenbau-Concurrenz . . .	69
12. Pferde-Vereblung	69

b) Ueber das Gerichtswesen.

1. Befugniß der Dorfgerichte . . .	69
2. Taxfreiheit der Entscheidung dieser Gerichte .	71
3. Theilungsverhandlungen . . .	71
4. Instanzenzug	72

c) Gemeinde-Wirthschaft und Rechnungswesen.

1. Präliminar-Ausweis	72
2. Auslagen für Weg- und Brückenbauten .	72
3. Prüfung der Rechnungen . . .	73
4. Abschluß der Rechnungen vor den Beamtenwahlen	73
5. Wald-Ordnung	73
6. Verpachtung der Gemeinde-Realitäten .	74

d) Den geistlichen Stand betreffend.

1. Wahl der Geistlichkeit . . .	75
2. Stellung der Geistlichen zu den Dorfsgerichten .	75
3. Ehescheidungs-Prozesse . . .	76